在跌到荒妙的時候，買；在漲到狂熱的時候，賣

聰明的股市投資者
投資大陸股市指南

李恩付 著

內容提要

　　這是一本關於股市投資方面的經典之作。首先，本書詳細闡述了股市投資的核心原則和持股的方法，分析未來出現大牛股的行業和值得投資的企業，指出了在股市中如何賺錢、發財致富的方法、典型案例，以及不明智的行為，為聰明的投資者在股市中找到適合自己的投資策略、操作方法和步驟指明了方向。其次，把國際化投資的理念與中國股市相結合，引導投資者樹立世界眼光、戰略思維、超前思維。最后，揭示了投資的要點、訣竅和散戶、主力機構的操作策略、手法，以及一只股票漲跌的一般性規律。本書所提出的投資要點和訣竅，是對中國過去20多年證券市場的深入細緻的觀察、監測和積極參與的經驗總結的結果。本書主要是為證券投資者和機構投資者在投資的策略和方法上提供選擇、參考。

倡導理性投資，做聰明的股市投資者。

在取捨中博弈，
這是理財之要義，
這是生活的技巧。

序言

《聰明的股市投資者》是作者繼《我最喜歡的藍籌股》和《我最喜歡的成長股——資本的博弈》兩部暢銷書問世之后的又一部股市投資的經典力作。其投資理念主要體現在以下方面：

第一，本書詳細闡述了價值投資、順勢而為、逆向思維、無為而治、安全邊際等股市投資的核心原則和波段操作、中線操作、長期持股、集中持股的操作方法，分析未來容易出現大牛股的行業和未來值得投資的企業，指出了投資股市成功或失敗的方法、典型案例以及非理性、從眾心理和過度自信等不明智的行為，為聰明的股市投資者如何找到並堅持適合自己投資股市的策略、操作方法和步驟指明了方向。

第二，引入國際化投資理念。以放眼世界的眼光，從全球的角度，把國際化投資的理念與中國股市相結合，引導投資者樹立世界思維、戰略思維和操作思維，同時幫助投資者時刻把風險牢記於心，發現價值、發現成長，增加贏利或減少損失。

第三，揭示了投資的要點和訣竅。一是堅持「穩」字當頭，控製好自己的情緒，保持心靈的寧靜和淡定，避免出現嚴重的錯誤和損失，使投資之路走得更遠、更長、更順；二是堅持安全邊際，找到並買入被低估的股票，從長期看就不會虧錢；三是堅持購買波動小的股票，只要有足夠的忍耐力，獲利將非常豐厚；四是堅持先行一步、做得少和做得好相結合，保持獨立思考，使自己成為一個聰明的、成功的投資者；五是堅持典型案例分析與汲取投資教訓相結合，防止重蹈覆轍。

第四，揭示了股票漲跌的一般規律。本書所提出的投資要點和訣竅，是基於人性的角度考慮，是對過去 20 多年證券市場的深入細緻的觀察、監測和積極參與的結果。本書以投資的原則、方法、投資的行業和企業為主線，揭示了「在跌到荒謬的時候買，在漲到狂熱的時候賣」的道理。與一般的股市操作書不同的是，本書很少涉及技術分析。本書主要是為證券投資者和專門學習、研究投資的學生寫的，為普通投資人在投資的策略和方法上提供選擇和參考。

第五，注重實戰和操作。本書注重理論，更注重操作，尤其是把經典的投資方法、技巧和要點、投資陷阱與訣竅相結合，把國際大投資銀行和股市致富的成功經驗，如何控製自己的情緒，選擇好的行業、企業，以及選股的標準和方法毫不保留地與投資者分享，讓投資者明確投資股市操作的思路和操作的精妙之處，供投資者在實踐中借鑑。

第六，提出把價值投資、逆向思維、無為而治、耐性、順勢而為和安全邊際作為投資的基本原則，建立了獨特的分析方法、行業和公司，獨闢蹊徑，為投資者提供了新的視野和方法。

第七，提供了實用的投資方法。投資者要學習投資的知識，尤其是要學習和發現投資領域中適合自己的方法，並加以採用和堅持，這樣才能取得好的投資效果。

本書對經濟金融的分析和投資行為的分析是目前證券類書籍中比較少見的。

　　作者曾經說：如果寫的書，沒有市場，沒有人看，那不如不寫。作者是這樣說的，同時也是這樣做的。本書的作者曾在證券專欄擔任主編多年，對證券理論研究頗有心得；又具有多年的股票操作實戰經驗，系統總結分析了投資行為的經驗和教訓，其中的許多方法和操作模式，值得投資者借鑑。該書注重實用性，將股市投資行為理論與實踐相結合，與實戰操作相結合，融學術研究和實戰操作於一體，對廣大的股票投資者很有啓迪。這是作者在本書中一直強調的主線。

紀盡善

前言

從古至今，人性的原則適用於日常生活和工作，也同樣適合於投資領域。《聰明的股市投資者》一書就是基於這樣的理念，提出投資原則是基於人性，考慮的是人性的弱點。人性的弱點的存在，恰恰為聰明的投資者創造了抓住有利時機進行投資的機會。如果投資者能夠熟悉投資的策略，時刻把風險牢記在心裡，也許你會減少損失。如果投資者能夠克服自身的弱點，獲得回報的機會將大大增加。

大多數投資者考慮的是市場短期的波動，而忽略市場上具備中長期成長特性的股票，也就是說即使經歷2008年、2012年和2013年的大熊市，仍然存在股價漲幅超過10倍的公司。當然，這樣的公司是非常少見的，需要你從中「發現價值、發現成長」。

投資最重要的是進行全面的分析，時刻把安全邊際放在首位，不熟悉的絕對不做，對自己的每一次行為負責，確保本金的安全並獲利。如果做不到這一點的話，建議你謹慎入市為妙。

對經歷了2007年大牛市和2008年、2012年和2013年大熊市的投資者來講，你也許會更加的成熟。因為，2007年投資藍籌股成功，並不意味著這個方法在今后的年份也適用。同樣，當人們習慣於炒小盤股（2009—2010年）的時候，並不意味著這樣的方法在以後也適用。但是風水輪流轉，股市中的機會無時不在，這一點非常重要。

「牛」「熊」是貪婪和恐懼轉換的過程，也是愉悅和痛苦轉換的過程，只有在這個過程中不自亂陣腳，「不以牛喜，不以熊悲」，方能實

現自我完善、自我超越的蛻變。

投資者往往看到的是市場表面上的情況，而盤面背後的情況，我們是不知道的。因此，未雨綢繆，顯得尤其重要。當經歷了一輪牛熊大轉換后應該靜下心來，投資者應認真地進行總結。總結過去、展望未來的目的，是學會反思，吸取教訓，避免少犯或不犯錯誤。如果一個人不肯承認錯誤，堅持一條道走到黑，堅守自我娛樂的「阿Q精神」，恐怕在投資領域是沒有希望的。就如「猴子掰包谷」，掰一個扔一個，恐怕到頭來只能是「竹籃打水一場空」。

投資人不要因為自己的失誤，錯失機遇，進而使自己在股市歷史的「底部」面前一錯再錯。

歷史驚人地相似，在紛繁複雜的利益集團干擾和輿論的喧囂中，不能失去自我，不能失去自我判斷，不能沒有主見，不能沒有戰略規劃、戰略目標和操作目標。

人在股市，如履薄冰。

——筆者感悟

到底怎樣的投資行為才能成功呢？這是一個古老的話題，卻並不易回答。這主要是基於市場的複雜性以及原因的多樣性。投資成功需要大智慧。儘管大智慧經常隱藏在淺顯的道理之中，看似容易，其實並不簡單。任何事物都有一個度，超過了「度」，就會走向事物的對立面。股市也如此，漲多了跌回來，跌多了漲回來，這個道理我們都明白。人在股海，「先知者大成，后知者小成，不知不覺者不成」。高手之所以高，是在風險沒有來臨的時候，提前逃之夭夭。不知道風險是最大的風險，特別是市場即將反轉或趨勢發生變化的時候。

投資不僅要善於把握大勢，也要善於識別那些「改頭換面」的公

司，那種今天市場流行什麼就做什麼，那種「掛羊頭賣狗肉」的公司，不值得你花很大的精力去關注。你要做的是，僅僅瞄準那麼數家特別好的企業，觀察、觀察、再觀察，選擇以相對低廉的價格買入，這才是聰明的選擇。

由於人性的弱點，投資者買入股票行為的背後，往往看到的只是收益，而把風險拋在腦后。

生於憂患，死於安樂。投資者最大的「心魔」是什麼？我認為是一個「怕」字，怕賣了自己心愛的股票後股價會繼續上漲。這正是自己最大的敵人。由於這樣的「心魔」在作祟，投資者老是犯同樣的低級錯誤，不敢賣掉自己「心愛」的股票。只有等到信心喪失殆盡的時候，才告別曾經愛得死去活來、而今令人傷心欲絕的「寶貝」。

從經濟學的原理上講，人是逐利的，但是需要吸取的教訓是：股市暴漲、暴漲、再暴漲以後，自己在幹什麼。是否利令智昏？是否理性已經完全喪失？是否貪得無厭？是否只有貪婪沒有恐懼？當股市經過暴跌、暴跌、再暴跌，在多數人絕望的時候，那麼我們又在幹什麼？是否怕得要死，恨得要命？是否只有恐懼，沒有貪婪？憎恨那個曾經和正在讓你傷心的股市？但股市從來不相信眼淚，此時，也許股市的春天已經悄悄來臨！

經驗告訴我們，在狂熱中，賣出股票，選擇退出市場，保持清醒的頭腦是何等的重要！在一片看空中，敢於買入，重倉買入需要的是勇氣、信心和魄力，這也許正是投資的真諦。在「嚴冬」裡，備好御寒的「棉衣」，保持高度的熱情，也非常的重要。也許這個時候，正是考驗你智慧和勇氣的時候。如果你能夠做到「眾人皆醉我獨醒」，也許你就已經成功了，財富的大門正在為你打開。

「莫畏浮雲遮望眼，風物長宜放眼量」。「晝生於夜，牛生於熊」。當大多數人不看好股市之時，市場可能出現牛市的概率會與所有的預測相反。

「股海茫茫，人生苦短，鐵打的股市，流水的投資者」。只要堅持正確的原則，正確的操作方法，即使普通的投資者也能夠獲得良好的回報。

李恩付

目 錄

第一章 投資的要訣

一、投資的原則　/ 8
二、不明智的投資　/ 51
三、投資的方法　/ 57

第二章 未來易出現大牛股的行業

一、貴金屬　/ 112
二、醫療行業　/ 118
三、銀行證券保險行業　/ 120
四、科技行業　/ 125
五、消費行業　/ 127

目 錄

第三章
未來值得投資的企業

一、中金黃金　/ 132

二、山東黃金　/ 137

三、雲南白藥　/ 139

四、同仁堂　/ 141

五、光大證券　/ 142

六、興業銀行　/ 143

七、大秦鐵路　/ 144

八、中信證券　/ 146

九、格力電器　/ 147

十、中國平安　/ 148

參考文獻 / 150

感謝 / 151

后記 / 153

第一章

股票投資的要訣

SMART STOCK
MARKET INVESTORS

股票投資的要訣，是發現並買入被低估的股票。在價格低估的時候買入一只有潛力的股票，儘管可能還要下跌，如果你不恐懼，不在乎短期的漲跌，不輕易拋售，等待股票上漲，以獲得長期本金的價值增長。如，筆者的好友在 2011 年以 31.5 元買入信立泰。儘管買入以後，在 2012 年曾經跌到過 20.3 元，跌幅達到了 35.56%。后來該好友在 31 元就賣啦，每股虧損了 0.5 元。但是，如果他不賣的話，到 2013 年 3 月 31 日，該股的價格達到 52.60 元，漲幅達到 66.98%。在牛市過於高估的時候，提前拋售股票，短期可能出現少賺，卻可以避免長期虧損的危險。也就是說，在股市「夏天」裡多準備點御寒的冬衣。在「炎熱」的環境裡，要提前賣掉股票。不要期待午夜的狂歡，不要流連忘返。否則，當投資人反應過來之時，早已深陷泥潭，市值已不斷縮水。投資者要有巴菲特那種精神，找不到合適的股票，就休息，哪怕是一年、兩年，耐心等待「大象」的出現。

投資者的困惑是，當市場行情低迷、選擇餘地不大，且投資標的價格又很低的時候，往往不敢入市。相反，當市場熱火朝天，選擇餘地大，且價格奇高的時候，投資者卻願意入市。在眾多的投資方法中，多數人選擇了後者，這是多數投資人不能取得良好回報的原因之一。

投資者不是不知道正確的投資策略，而是對正確的策略堅持了一段時間，經歷失敗后則改變了策略，當再次失敗則再改變策略，走上了一條不理性的循環往復的投資之路。

市場不理性的情況經常發生，而市場熱點和情緒的變化卻左右了投資者對資產的配置。當價格被嚴重低估，資產配置被扭曲的時候，往往也意味著機會來臨的時候，如，2012—2013 年藍籌股出現了罕見的投

資價值的時候，應該考慮買入，但多數人不敢這樣做。因為，他們已經被機構投資者灌輸了「炒小」、「炒新」的思維定勢，被長期的觀念洗了腦，因而沿襲錯誤的做法，對正確的方法不敢使用。不能以市場的短期漲跌來配置資產，這是對一個合格的股市投資者最起碼的要求，即股市投資者需要有專業的眼光、良好的心理素質和訓練有素的職業操守。

投資靠的是訓練有素，靠的是遵章守紀。學會遵守紀律，事事都會遵守紀律。學會獨立思考，事事都會獨立思考。堅持獨立思考和多看少動是投資最基本的原則。股市投資是一門藝術，在恰當的時間進出市場，才能成為一名聰明的投資者。

從心理學講，投資人應該是心理學家。

聰明的股市投資者，重點在於守住心靈的那份寧靜和淡定，堅持「穩字當頭行更遠」，在不明確的時候，「寧願錯過，不要做錯」，保住本金不虧是最高法則。

對於多數的投資人來講，難以堅持正確的投資原則和方法，由於堅持不了，才造成了投資失敗。他們最關鍵的不在於知識，而在於性格、思維和行為方式，理性和冷靜是投資者最基本的素質。

投資的範疇非常廣泛，包括字畫、錢幣、郵票、股票、國債、期貨、黃金、公司債券、陶瓷等，本書主要指的是投資股票。

研究和分析股票投資人的行為，對於提高投資技巧，提高投資收益具有現實意義。在此筆者提出投資行為學的概念。我認為，投資行為學是把心理學、行為科學引入到股票投資之中，分析研究市場參與主體的行為變化，以及產生這種行為變化的結果、原因等。通過研究人們投資行為變化，尋求不同參與主體在不同環境下的心理特徵、操作信息和決

策行為變化特徵，力求反應市場主體決策行為變化和股市的運行狀況，它是一門科學，又是一門藝術，屬於行為金融學的範疇，是對人們行為的真實反應，是行為金融學①的分支，是一門新興的學科，也是一門顯學。

不因為股市暴漲或暴跌影響自己的判斷能力，這就是聰明的股市投資者最基本的素質。

投資者面對市場情緒狂熱或冰冷的時候，要強化對股市情緒的控製能力，並加以利用，這樣在股市中進出自如，買賣自如，不貪、不悲、不患得患失，就如「手中有股，心中無股，無股勝有股」。

投資要成功，需要克服人性自身的弱點。只有克服人性的貪婪，才能戰勝自我，才能取得成功。

俗話講，開卷有益。多讀書，讀好書，讀有益的書，增加投資知識，掌握投資技巧，才能提高投資收益。當然，讀書是有益的，包括上大學、讀研究生，甚至是讀博士，但是這些並不能保證你就一定能成為一名成功的投資者，或者偉大的投資者。偉大的投資者有獨特的氣質，這種獨特的氣質在於，一是對股票下跌或上漲的把控能力。在他人恐慌時敢於果斷買入股票的能力，在他人盲目樂觀時賣掉股票的能力。二是具有強烈的獲勝慾望和吸取教訓的強烈意願。三是在大起大落之中卻絲毫不改投資思路的能力。擁有獨特的思考和堅持，一般的人很難做到，

---

① 1952 年，美國芝加哥大學馬可維茨教授運用複雜的數學邏輯，證明了投資收益與風險之間的確定關係，建立了現代金融組合理論，金融學成為一門獨立的學科。20 世紀 80 年代，為解釋金融市場中的異常現象，部分金融學家對投資者的行為進行研究，逐漸形成了行為金融學，其典型代表包括馬休・羅賓（Matthew Rabin）、丹尼爾・卡尼曼（Daniel Kahne）和弗農・史密斯（Vernon Smith）。

所以只有類似於巴菲特這樣的人物才能被稱為偉大的投資者。

什麼是投資

投資像一張門票，有時能帶你通向財富之門。

投資像一扇門，有時是一扇「地獄之門」。

投資像海，有時會波濤洶湧。

投資像人生，它是人性最完美的展現。

投資像一棵樹，在不知不覺中長成參天大樹。

投資像一個謎，永遠是那麼深邃讓人難以琢磨。

投資像一個做錯了事的人，老是后悔和自責。

投資像一個魔方，它促進了一個又一個傳奇的誕生。

總之，投資是傳奇的地方、最醜陋的地方，也是展示人性的地方。投資是最卑鄙的行為，也是最偉大的行為。因為每個人在投資的同時，也不同程度地推動了社會的發展。

從股市看，天天泡在股市上的人，離市場太近，你已經與市場成為一體，這樣的人不會是真正的高手。高手習慣遊離於市場之外，出現在合適的時機，恰當的時候，積極主動地、大量地買入或賣出股票。天天出場表演並不是偉大的投資者追求的目標。

從理論上講，股市或股價應該由上市公司的業績和宏觀經濟政策決定，但現實是，股市或股價由市場決定，意味現代金融理論不一定完全適用了。股市或股票價格波動的背后是資金、籌碼和人氣，而這些因素的后面是博弈，是一場沒有硝菸的戰爭，而這樣的戰爭比有形的戰爭更為殘酷和可怕。從全球金融市場的情況看，對沖基金和主權基金成為了市場的主力，它們具有市場的定價權。價格波動對投資者來講，真實的

意義在於當股票價格下跌以後，為你提供了廉價買入的機會。相反，當股票大幅度上漲以後，同樣為你提供了賣出的機會。市場的波動，對投機者提供了賺取差價的可能，也為投資者提供了低價買入的機會。當股票高的時候，為投機者或投資者提供了拋出的機會，而在價格低的時候，也為之提供了買入的時機。

投機者參與市場波動，並從中賺取差價；而投資者的興趣在於以適當的價格持有股票，把持有股票當成自己經營公司一樣，與公司一起成長，獲得成長的回報，而非賺取差價。

在大多數的時候，你的注意力要放在關注公司的發展和成長上，把主要的精力放在尋找好的公司，長期進行觀察，尋找進入的合適時機。

股市就像是沒有硝煙的戰場，股市有定價機制的問題，用傳統經濟金融學理論不能解釋。但有一個基本的判斷，那就是：中國平安每股140多元時也有人敢買，反而跌到20元附近，多數人仍不敢買？對此，我們是積極地、熱情地笑納，以低廉的價格持有這樣的績優股還是提心吊膽，不敢涉足。也許這個時候，就是你把最核心的東西、最好的東西，牢牢抓在手上的機會。只有抓住了股市的本質，才能在未來的實戰中獲取更大的投資收益。

股市是各種消息充斥的地方，各種消息引發股市的大幅度波動，相應地影響著人們的投資行為。判斷股市，主要基於如下因素：

一是大勢。對大勢的判斷是最基本的要求，一般來講，牛市時，行情好，投資者參與度高，放心持股，沒有什麼問題。但是，「天下沒有不散的宴席」，當大多數人樂觀的時候，您頭腦要清醒，該出手時要出手。相反，股市行情不好，人們的行為會因為行情下跌而使自己的慣性

思維得到強化，認為市場仍然要下跌。當大多數人都認為行情不好的時候，股市則已經見底。股市行情的好壞是決定投資者行為的主要因素。從未來看，筆者預計中國的股市將會形成以下金字塔式結構：主板有2,000~3,000家上市公司，創業板有3,000~4,000家公司，而新三板加場外市場將有近萬家上市企業，形成壯觀的中國式資本市場格局。屆時，幾百元1股的與幾分錢1股的投票比翼齊飛，成長性的公司其股價將長期向上；相反，衰落的公司將長期被邊緣化，直到消失。

二是基本面。從國際看，國際經濟金融形勢對股市的影響。如果國際經濟環境好，對國內股市的影響也是正面效應。相反，就是負面影響。比如，美國的次貸危機、石油和糧食價格飆升，影響到全球金融市場的動盪。從國內的經濟基本面來看，政治經濟對股市的影響。如果國家實行宏觀調控，經濟下滑的預期增加，在未來的時間內，股市必然表現為下跌。同時，通貨膨脹，以及國家重要領導人的變動，也可能會造成股市大幅度的波動。在通貨膨脹的條件下，以合理的價格買入股票，比存銀行、參與高利貸提供了更好的保值增值機會。

三是景氣指數。如果行業處於景氣指數的上升階段，表現為該行業普遍較好，會增強投資者購買該行業股票的信心。相反，投資者會用賣出處於景氣指數下降行業的股票。

四是企業的業績和競爭力。決定投資者效益的是公司的業績，以及公司的基本面，這應該是投資者關注的重點。如果投資者僅僅只是關注企業的利潤增長顯然是不夠的，我們要把工作的重點放在公司過去至少8年以上的業績上，甚至10年以上的成長性分析上。在好的行業中選擇好的公司，同樣在景氣不佳的行業中，仍然存在好的企業。比如，生

產空調的企業，應該是一個不太受人重視、很一般的行業，但就是在這樣的行業中仍然有像格力空調這樣的好企業。

五是周圍人群的影響。如果你總是做大家都在做的事，那麼你就賺不到錢。你要做的是，與大多數人的想法和操作相反，這才是唯一正確的選擇。不要經常作出決定，不要頻繁地操作，尤其是要把不虧錢作為最高原則，減少操作失誤，減少虧損，減少風險。當你已經很有錢的時候，你的主要目的不是賺錢，而是確保不虧錢。不要投機，不要冒險，否則，你有可能一敗塗地。

二、投資的原則

投資不需要高深的理論，需要你對投資對象的充分瞭解，而對自己不瞭解的東西，不要有僥幸心理。在股市熱火朝天的時候，需要的是一份冷靜。堅持獨立思考，既不要聽證券公司的股評，也不要受周圍親戚朋友的影響，堅持獨立思考。股市投資的核心原則如下：

（一）價值投資

利率決定估值，估值決定價值，價值決定財富。首先，利率與股市呈反比。高利率是股市的剋星，利率降低股市上漲，相反，利率提高，股市下跌。這裡指的利率是指真實利率，或市場利率。其次，利率提高，企業的成本增加，盈利減少，股票的吸引力下降，相反，股票的吸引力增加。如，2012—2013 年，這時市場的利率如下：在中國貸款的

利率平均在6%以上，大企業的實際貸款利率在9%以上，而民間貸款利率在15%~50%。在溫州、山東等地方，民間利率高達3分、4分的月息，年息在36%、48%，有的甚至更高。在這樣的背景下，資金當然不會進入股市，上證綜合指數出現了1,849的低點。最后，實際利率水平代表了企業的經營成本，只有在合適的利率和企業盈利能力強的時候，股票的價格低於價值的時候，才具備了價值投資的條件。

在股市低迷的時候，會出現估值過低的股票，而在瘋狂的時候，也會出現估值過高的股票。市場情緒化的波動，為聰明的投資者提供了低買高賣的機會。

價值投資的基本邏輯，是看上市公司的基本面，看重的是公司的長期投資價值。如果通過估值計算，發現公司股價被低估就買入，相反，公司股價被高估，就要拋出手中股票。價值投資的精髓在於股價要被低估，凡是價格被低估的股票遲早會漲上來。

筆者的一位朋友，看見股市下跌，心裡非常高興，但看著股票上漲，卻不敢買。后來我跟他一起分析了一下他在股市上的操作手法。長期以來，他實行「超級短線」，有錢賺就跑，沒有錢賺同樣要跑的操作策略，他靠這樣的操作方法在2007年、2008年是很成功的，那個時候人人倡導「跑得快當元帥」。后來市場操作的風格發生了變化，而他那種急功近利的投資思路和操作風格並沒有改變，而是沿襲原來的方法，所以在新的市場環境條件下，繼續堅持這樣的操作方法就不靈啦。這實際上是操作思路和價值觀念的差異，市場的環境已經發生了變化，可相當多的人卻跟不上形勢的變化，老股民遇到新問題，這實際上是沒有與時俱進。相反，在2009年有的人買入潛力股票，採取「守株待兔」或

「咬定青山不放松」一路持有的簡單操作策略，收穫不少，比那些跑得快的人收穫多得多。以上這兩種操作方法，筆者覺得均有欠妥之處，最好的策略應該是兩者的結合，靈活進行操作，並輔以風險控製措施。

投資人需要找到適合自己和市場的靈活操作策略，進行正確的投資。堅持價值投資和靈活操作是獲利的重要方法。當然，需要提醒的是，即使堅持價值投資，也不能保證每個時刻都能賺到錢。

至於投資時機的把握，筆者認為很重要。當股票的市盈率已經超過60倍，甚至是70倍的時候，還在傻傻等待，不曉得賣，而當股市的市盈率跌到9～10倍的時候，又不敢買。如，2013年，滬深股市中的一大批藍籌股已經成為全球廉價的股票，與美國股市14倍左右、歐洲股市12倍左右的市盈率比較，具備相當可靠的投資價值，可人們由於恐懼而不敢進場。

投資者要具備金融歷史知識，要充分認識到股票60～80倍市盈率的風險，也要高度重視10倍市盈率的市場價值，這才是價值投資之道。當我們看到那麼多的100元、200元、300元的股票的時候，我們要充分地認識到，像深中國平安等持續為投資者帶來贏利的好公司並不多，最重要的是要善於利用市場的情緒，在高估的時候賣出，在發現被大大低估的時候，能發現價值、發現財富。否則，就如過眼雲煙，機會轉瞬即逝。例如，筆者的一個朋友，他是在2007年以36元的價格買入了中國人壽，在那段瘋狂的時間裡，儘管中國人壽的股價沒有中國平安漲得快，但也漲到了75.98元。當中國人壽上漲到這個價格的時候，其市盈率已經達到了70倍以上，中國船舶的市盈率達到了134倍，這個時候風險已經來臨，但人們仍然在沉迷在賺錢的情緒之中，久久不願意離

去，想賺完最后的一分錢。這個時候的人，可以說是利欲熏心，也可以說是頭腦發昏，用一個字「貪」形容，最為恰當，筆者的朋友也不例外。隨著大盤的持續下跌，中國人壽這只股票下跌的命運也在所難免，下跌的速度比兔子還跑得快，破 70 元、60 元、50 元、40 元，簡直是勢如破竹。大家以為破 40 元可以補倉，而股票破 30 元、破 25 元，甚至破 14 元，最多下跌超過 80%。看著不斷下跌的股市和大幅度縮水的市值，好多股民是心灰意冷。這個時候，堅持價值投資理念的人也會備受煎熬。股市下跌是對人性的考驗，這既是市場情緒的宣洩，也是對價值投資者的一種考驗，是在磨礪和鍛煉價值投資者的意志，不放棄，不棄不離，是你成功的重要因素。

面對「跌跌不休」的股市，股民被嚇怕了，尤其是當股市具有投資價值的時候仍是心有余悸，不再堅持自己的理念，紛紛拋售手中的好股票，做出非常不理性的行為。那麼是否價值投資理念已經過時了？我認為不是，關鍵是其運用的方法不當。認真分析一下，當中國人壽到 75 元的時候，其市盈率已經達到 70 倍以上，這個時候該股票的風險已經很大，已不適合價值投資，這不是一筆好的買賣，而是一筆壞的投資，大多數人卻意識不到。這個時候正確的操作策略應該是在下跌 10% 的時候，賣出，全部賣出。相反，從 2006 年深發展「零對價」的股改事件，到 2008 年平安的「富通門」事件，可以得出一個基本的結論：只有大危機才有大機遇，世界是這樣，股市也是這樣。當中國平安跌破 20 元，並大大低於其港股的價格的時候，就不正常了，這個時候買入中國平安就是一個好的投資決定，正確的投資策略應該是大膽地買入。在 20 元附近，筆者讓朋友們堅決買，他們紛紛買入，后來都收穫頗豐。

因此，投資者要不時反思自己的行為，想想自己到底錯在哪裡、原因是什麼、今後的整改措施是什麼、如何落實和執行。在股市投資中需要建立自己的執行紀律和投資策略，不然錯誤仍然還會延續，錯誤會重犯，后悔藥還要吃。只有洗心革面，進行深刻的反省，才能使自己的智慧、行為與財富一同增長。

時間是價值投資的朋友，如果沒有足夠的時間，即使投資好股票也未必能夠賺到錢。投資者應該有長遠的眼光，起碼要看3年、5年、10年，而不能夠以一天、一個月、一年、兩年來判斷，同時要具備靈活性，要有更大的智慧來考慮問題。股神巴菲特在1973年花了1,000萬美元購買《華盛頓郵報》。但是市場的情緒從來就難以預測，在巴菲特收購之后的兩年，該公司股票價格持續下跌，其投資總額從1973年的1,000萬美元下降到1974年的800萬美元，一直到1976年股票價格依然低於巴菲特的買入價格[①]。可見，價值投資不能以一時的成敗或「一城的得失」論英雄。最重要的是，你的資金期限。如果你今天買入明天就想出來，要賺10倍、100倍是不可能的，「時間」是價值投資成功的最重要前提和基礎。

巴菲特指出：看好中國市場，不要計較短時期的情況。未來十年中國股市必將是世界之最。

「時間是投資者的朋友，投機者的墳墓」，因為時間是用來獎賞有遠見的投資者。下跌並不可怕，那是因為價值投資的真諦在於：「要立

[①] 陳青雲. 從巴菲特投資《華盛頓郵報》看我們可以學到什麼 [J]. 證券市場周刊, 2008（10）.

足於長遠，立足於未來，不要計較短期的得失，不要在乎股票短期的漲跌，只要你買到好公司的股票，短期股票的漲跌與價值投資無關」。這個話，你不要不喜歡聽，只有長期戰勝市場的人，才能長期在這個市場裡混，否則，你會被市場淘汰。就像我們買的房子，並沒有說必須天天去房地產仲介去打聽，今天是漲了，還是跌了。如果有房地產交易所，可以把房子掛牌交易的話，也許你早就把你現在住的房子賣掉了，保留不到現在，也享受不到今天的收益。因此，選擇並持有具備長期競爭優勢的股票，是戰勝市場、在市場中立於不敗之地的法寶。

在日常的生活中，如果在證券公司炒股的人不關心股票，出現打牌聊天，「股市門前車馬稀」，或者你周圍出現相當多的人給你說：股票沒有意思，我就沒有賺這個錢，我再也不買股票啦，等反彈以後，我全部賣掉，也許這就是在提醒投資人股市已經見底。

筆者最好的一個朋友，非常喜歡炒股票，他看好股票的理由非常簡單：他認為中國經濟這麼好，股票沒有理由不漲。於是他把錢紛紛投入股市。但自從把錢投入股市后，雖然曾有短期的上漲，但接著就是大幅度的下跌，從 3,000 多點一直下跌到 2,000 點。為此，兩口子經常吵架。妻子勸丈夫算了吧，我們認輸。但哪怕妻子以離婚相要挾，丈夫無論如何也要堅持。妻子忍無可忍，回到了娘家。她告訴她媽：這個日子沒法過啦，我痛恨有股票的時代。假如沒有股市，也許我們家和諧美滿，夫妻不會成天吵架。面對自己的女兒，媽媽也飽含淚水，告訴女兒：你已經長大了，是該自己作決定的時候了，媽媽幫不了你，唯一能夠幫助你的，也許是時間和忍耐。

筆者的親戚是個老股民，他一直做多，但在 2014 年上證綜合指數

跌到1,900多點的時候，他堅決看空，他給我說：按照技術分析，大盤破1,600點是指日可待，他已經出來了一半，一旦反彈，全部拋出。我說：也許主力的想法正好跟你相反，你們不是說2,132點是底嗎，我就要叫你認錯，我就要砸盤，砸出比1,949點更低的底部來。而當大多數人認為1,949點不是底的時候，主力機構已經明白事情總有個頭，不能太過分。因此，技術分析有用嗎？黎明前是最黑暗的時候，但相當多的人等不到天亮，或許，在「天亮以前」（股市上漲以前）跑掉啦。就像電影《大浪淘沙》中的人物楊如寬一樣，當大革命失敗的時候，他說：「完啦，一切都完啦，我滿腔的熱血換來的是一盆冰水。」我想股市也一樣，經過大幅度的下跌已經差不多時，至少股市處於點位不高的位置，這個死多頭的籌碼已經開始鬆動，曙光也許就在眼前。在這個時候，許多的股民沒有等到曙光來臨的時候就清倉，當然也就賺不到錢。因此，我們的行為要與大多數人行為相反，才能取得豐厚的投資回報。

　　股市，最重要的是要靠一批具有質量高、誠實、守信的上市公司和良好的法律環境，要讓投資者相信這個市場是誠實可靠的，要使得市場有長期持續的賺錢效應，只有這樣，大家才會把錢拿出來投資或冒險，只有投資賺了錢，才會刺激消費，才會促進投資、消費和經濟發展的良性循環。否則，大家都把錢存起來，儲蓄率更高，對經濟發展反而不利。

　　通常情況下，股市呈幾種趨勢：第一種是螺旋式上漲。投資人在上漲的初期，操作行為應該是買入股票會有好的收穫。但也有個別的例外，比如買到了牛市熊股，就不一定上漲。第二種趨勢就是下跌趨勢，一旦下跌的趨勢確立就應該賣出。一般來講，下跌的時期比較長。第三

種是平衡市，市場真正的平衡市是不存在的，只是相對而言，指數在這個時期的波動不大，人們習慣稱為平衡市。在這個時期內適合做高拋低吸。

如果你不願意承擔風險，你也不可能有收益。筆者有一個親戚，我勸他投資股票，他說有風險，我說買股票是有風險，但是如果你不買的話，你是沒有什麼風險，但你的錢等於泡在水裡，一輩子也不要想發財。

證券市場為我們提供了與強者同行的機會，你可以通過股市這個平臺，買股市上交易的任何你想要買的股票。比如，在美國股市上，前總統克林頓，買的股票與美國公民買的股票沒有什麼兩樣，他的股票有微軟公司、寶潔、輝瑞公司和 IBM 公司等股票。投資並不神祕和高深，投資的機會就在你身邊。在這個市場上，沒有說你只有 5,000 元錢就不能參與，你的地位低就不能參與，你是撿垃圾的就不能買股票。股票上漲的時代背景是什麼？我認為是中國經濟以 9% 左右速度增長，中國已經成為世界投資的樂土。這個機會非常重要，可以說是：機不可失，時不再來。作為未來的你，你應該自己站出來，抓住機會。

在股市已經下跌很多的時候，我們知道從熊市到牛市遲早要轉換。同樣，當股市已經上漲超過 80% 的時候，也許方向性的選擇已經出現，這一點值得我們警惕。巴菲特說：不知何時發生，但注定要發生。這個時候最重要的是，我們要看到好公司內在的絕對價值。要準備資金，將資金或籌碼配置在進攻性的股票上，包括成長性良好的公司。比如，一類是證券類公司、保險公司的龍頭品種，只有這樣，你就會在未來上升的大行情中跑得比別人的股票快，否則，就是大的行情來啦，你也未必

能夠賺到錢。因此，這個時候，你要多做功課，認真研究未來跑贏大盤的股票。只有抓住了領漲股，才抓住了核心，才能立於不敗之地。第二類是盤小業績好的股票，即公司具有送股的能力，高送股和業績成長雙輪驅動，是大牛股最完美的詮釋，這是被歷史所證明了的，這樣的股票往往是市場中的超級明星股。

聰明的股市投資者往往有以下特質：

一是獨立思考。獨立思考是聰明投資者的一個顯著特點。如果你的觀點，或你的做法在周圍不受歡迎，甚至被人不屑一顧，那麼你不要理會他們，走自己的路，讓別人去說吧。獨立思考，不隨大流。在股市中，許多人喜歡隨大流，看見別人買什麼，自己就買什麼。但實際上隨大流是不能夠賺錢的。投資需要獨立思考，獨立的行動，在別人沒有意識到的時候開始行動，時刻保持清醒的頭腦，不要追高。

二是堅持不懈。堅持、堅持、再堅持，那麼你就可能成功。只要你堅持的時間足夠，你就會比別人更有優勢。

三是先知先覺。在別人沒有覺得有什麼變化的時候，他（她）已經嗅到了市場變化的味道，那麼意味著你對未來有更好的預判。

四是敢於決定。當市場出現定價錯誤的時候，聰明的投資者與眾不同，敢於決策。因為，他（她）明白股價下跌，對聰明的投資者來講是挑選便宜貨的機會，這樣的機會也不經常出現。

五是敢於行動。聰明的投資者在買入股票后，其股價有可能要下跌，但仍然該泰然處之，不因為沒有買到最低而後悔；同時，在行情好的時候，保持平常心態，不要被大好的行情衝昏了頭腦。在市場出現大幅度上漲以后，你挑選股票就要小心了，因為眾人已經挑選完畢，好的

東西價格已經很高,要發現東西又好價格又便宜的機會已經很難了。

從世界上來看,價值投資與時間密切相關,只要投資的時間足夠長,獲利的機會越大。站立潮頭,登高望遠,看股海的風浪才小。當中國股市在低於2,000點的時候,看不到股票的價值,就等於在6,214點看不到風險是同樣的道理。價值投資需要耐性,需要有長遠的眼光,不能當井底之蛙,只看到那麼一個小小的天空,不能用幾個月短期的時間來評判,更不能被短期市場下跌所迷惑,而阻擋了你發財致富的時機。20世紀70年代,以美國為代表的成熟市場表明,特別是在華爾街,幾乎沒有人根據技術分析做股票取得成功的。到目前為止,以巴菲特為代表的價值投資,其在選股方面具有世界眼光,他的操作辦法,仍然是有效的辦法。越是困難的時候,越是考驗人性的時候,如果你能夠戰勝自己,那麼你的成長和進步就會最快,這就需要你在投資的長徵路上得到鍛煉和提高。

「炒股難,十個就有九個虧」。筆者說炒股不難,最簡單的方法是:「秉持正確的方法,長期堅持下去。」巴菲特說過,做優秀的投資者並不需要高的智商,只需要有不輕易從眾的能力。在沒有人要的時候,買入;在人人都想要的時候,賣出。然后,等待、等待、耐心地等待,一直等到下一輪沒有人要的時候買入,在別人想要的時賣出。循環往復操作,此乃簡單炒股之法也。這個方法雖好,但是好多人做不到。因為,市場的誘惑太大,參與人的定力一般都不夠,戰勝不了自己。參與者都希望自己是市場中最聰明的,抓住市場中的每個機會,可事實卻不是這樣。判斷這個問題最簡單的方法:

一是看周圍的氛圍,炒股人的多少,以及談論股票的人是多還是

少。另外，就是看證券公司炒股人的多少，如果人很少就買入，如果人多就賣出。如，2010 年 1 月 29 日，筆者聽同事說，她到證券公司去辦事，一看營業大廳裡面，仍然有好多老頭、老太太在那裡議論紛紛。當她把這件事給我說了以后，我說糟啦，這個股市還要跌。因為，還有太多的人關心股市。后來果不其然，股市又跌了 1 年多。

什麼是簡單

簡單是一種心態，多看少動是基本的方法；

簡單是一種技巧，做得少做得好才是本事。

簡單是一種方法，坐等投資機會才是機會。

簡單是一種理念，貴在堅持鍛煉的是人性；

簡單是一種智慧，潮起潮落需要的是淡定。

二是看偏股型基金公布的倉位情況。一般來講，偏股型基金倉位在 90%附近時，說明基金公司已經捉襟見肘。基金都沒有錢，股市自然不能上漲。事實上，股市的「真理」往往掌握在少數人手裡。

「大智若愚，大巧若拙」。簡單的東西不複雜。複雜的東西往往不簡單，也不管用。最簡單的方法就是最管用的方法。那些複雜的技術模型，是「忽悠人」的把戲，千萬不能當真。

一般人說炒股難，難就難在希望天天抓住機會高拋低吸、低買高賣吃差價，天下哪有這樣好的事情！炒股最重要的是要戰勝你自己。你自己有兩大敵人，一個是貪婪，另一個是恐懼。當市場已經充滿巨大的風險時，你卻渾然不覺，而當市場已經蘊藏巨大的機遇時，你依然麻木。

為自己確立簡單的原則，讓財富成倍增長。那麼，怎樣才能做到簡單炒股呢？筆者認為，可採取以下方法：

一是看明白再做，看清楚再做，這是最好的方法。即只做上升途中，只做大波段，一旦上升趨勢發生逆轉，絕不參與，立馬走人。當市場處於上升期中，就應該積極地參與，持股不動；相反，絕對不能參與，長期空倉，直到買入的機會出現。

二是買指數型基金。根據辰星統計，1985—2005年20年時間裡，在美國大牛市中，指數型基金的收益超過80%的主動股票型基金。如，上證50指數型基金和滬深300指數型基金。當然，買指數型基金也要講究方法，最好是在股市低迷的時候，這個時候買入的資產淨值不高，增值的潛力大，相反，在指數處於高位的時候同樣有風險。這一點應值得注意。

三是在指數處於下降途中時，要小心謹慎，「刀槍入庫，馬放南山」。保住利潤是最重要的，不要使「煮熟的鴨子飛啦」。這個階段最忌諱的是頭腦發熱，去抄底，去搶反彈。俗話講：「老手死於抄底，新手死於追漲。」正確的策略應該是：「坐山觀虎鬥，穩坐釣魚臺，任爾風吹浪打，我自巋然不動」，以靜制動，長期觀察，守得住清貧，耐得住寂寞，準備好「子彈」，一個字「等」！耐心地等待，等待好的機會，直到「大象」出現。有的專家學者認為，中國人天生喜歡「賭博」，喜歡做短線，沒有進行價值投資的土壤。他們的主要理由是，這麼多年了就沒有出現一個巴菲特式的人物，因為他們選取這麼短的時間進行取樣是不正確的。我覺得這個話不完全是這樣。想想中國股市從成立到現在，時間不過20多年，用20年造就一個巴菲特是難了點，如果我們能夠像美國股市經歷200多年的歷史，你就敢保證中國股市不會做大做強，你敢保證不會出現巴菲特式的人物。如果你不相信這一點，也就不

相信中國的企業長不大，不會從小不點成為國際性的大企業。因此，站在歷史的長河中，仰望天空，筆者堅信中國股市投資行業必定會群星璀璨，中國一定會出現巴菲特式的人物。

股市出現變盤、大漲，或演變為牛市的信號是：其一是領漲股價格高企。其二是股息率低於或不高於一年定期存款利率。其三是成交量急遽增加，並且是連續放大。

滬市在2008年9月9日創下了224.81億元的地量以後，利空不斷，人心渙散，市場一直處於低迷狀態，但市場的成交量方面卻出現了積極的信號，特別是11月10日的成交量放大至589億元，是上一個交易日的1倍，表明主力將要發動一場戰鬥。而11月14日的情況更為明顯，這個成交量是地量224億元的4倍多，而到2009年2月11日滬市的成交量則達到了1,723億元，是2008年9月9日地量的7.66倍，表明主力做多的意圖明顯。隨著成交量的變化，個股漲停板層出不窮。我們將時間推移到2009年8月，滬市的成交量更是大得驚人，最高一天達到了3,000億元的成交額，是2008年低迷時期成交量的10多倍，相當一批股票已經翻倍，甚至2~3倍。

股市下跌的信號是：一是突然莫名其妙地大跌，拉出大陰線。二是成交量大幅度增加，但股指不漲，或漲得很少。三是廉價的股票大幅度上漲，下跌的趨勢已經形成。這個時候，要趕快離場觀望。四是政策性抑制股市上漲信號。在此時，你的正確操作策略應該是降低持股的水平，最好在50%以下，甚至更低。

價值投資要注意「八個多看看」：

一是多看看市盈率。市盈率是上市公司的股票價格除以年度的每股

收益，是上市公司的一個重要財務指標，亦稱本益比，是股票價格除以每股盈利的比率。以 2012 年 3 月 1 年期的銀行定期存款利率 3.5% 為基礎，我們可計算出市場無風險市盈率為 28.57 倍（1÷3.5%），而滬市到 2012 年 3 月 2 日平均市盈率為 15.05 倍，其中金融、保險行業的市盈率僅僅 10.68 倍，低於 28 倍市盈率的股票可以買入並且風險不大，高於這個比率風險就增加。當成長性股票在市盈率低的時候，屬於尚未發掘的「黑馬」，用郭樹清主席的話講 40 倍、50 倍市盈率是有毒資產，除非你能買到蘋果這樣的公司，也就是說當股票的市盈率在 60~70 倍，以及更高的時候，就不是一筆好的買賣了。因為，60 倍以上的市盈率，相當於要 60 年以後才能收回投資。因此，積極尋找業績增長的股票是投資者需要做的重點工作。

從國際和地區來看，無論在日本，還是美國；無論大陸或者臺灣，股市泡沫以 60 倍的市盈率為界，超過或達到這個標準，股市下跌是遲早的事情。投資者守住 60 倍市盈率的底線非常的重要，超過這個底線，不應該再貪婪了，這是被無數個市場所證明了的底線，其可信度是相當的高。如果投資人知道什麼時候是危險的時候，就不會冒險了（見表 1-1）。

表 1-1　　1989—2010 年世界股市見頂時市盈率情況表

時間	指數	最高點	市盈率（倍）
1989 年	日經 225 指數	38,915	80-100
1990 年	臺灣加權指數	12,495	70-80
2000 年	納斯達克指數	5,000	70

表1-1(續)

時間	指數	最高點	市盈率（倍）
2001年	上證綜合指數	2,245	66
2007年	上證綜合指數	6,124	50~70
2010年	創業板指數	1,157	60~100
2010年	中小板指數	6,728	50~70

資料來源：根據上海證券交易所等綜合材料整理。

那麼是不是市盈率越低越好呢？從發達國家或地區成熟的市場看，上市公司市盈率呈現特點：穩健型、發展緩慢型企業的市盈率低，成長型強的企業市盈率高，而週期性行業的企業市盈率介於兩者之間。同時，大型公司的市盈率低，比如，鋼鐵行業的市盈率在7~11倍之間，小型公司的市盈率高，等等。如果股票的市盈率到60~70倍的時候，你的頭腦不清醒的話，后悔是遲早的問題，這是被國內外的經驗所證明，值得大家關注和借鑑（見表1-2）。

表1-2　　2012年11月滬深主要股票指數動態市盈率

上證綜合指數	11倍
上證50指數	10倍
上證180指數	10.58倍
滬深300指數	13倍

二是多看看換手率。換手率是指一定時間內，某一只股票累計成交量與可交易量之間的比率。換手率的數值越大，說明交投活躍，表明交易者之間換手的程度。換手率在市場中是很重要的買賣指標，該指標比

技術指標和技術圖形來得更加可靠。換手率是判斷股票活躍程度的重要指標，是買入賣出的重要依據。大牛股換手率普遍高。如：在2008年4月22日到5月6日，隆平高科累計換手率為144.36%，9個交易日股價從19.22元上漲到了32.48元，漲幅68.99%；太平洋證券在2008年9月18日到25日6個交易日換手率為126.34%，從13.71元上漲到21.98元，上漲了60.32%。通過對深滬市場1,600多只股票每日換手率的長期跟蹤和觀察，股票的換手率突然放大，成交量持續放大，說明大量買進，股價就會跟著上漲。但上漲到一定階段後，如果換手率仍然很高的話，可能意味著一些獲利者在套現出局，股價就可能會下跌。大約70%的股票的日換手率低於2.9%。也就是說，2.9%是一個重要的分界線，2.9%以下的換手率非常普遍。當一只股票的換手率在2.5%~5%之間時，這類股票已進入相對活躍狀態，應該引起我們密切關注。當換手率超過5%的時候，若其後出現大幅的回調，在大幅度回調過程中可考慮適當介入，我們就應該買入。當日換手率為10%~26%的股票，表明該股已經進入拉升階段，意味著莊家進入運作，可能是出貨的典型標誌。從實際情況看，一只股票大幅度拉升以後，可能有的要經過長期橫盤，有的時候，時間長達8個月。如果該股能夠保持在當日密集成交區附近運行，則可能意味著該股后市具有潛在的極大的上升能量，是超股的典型特徵，這類股票可能成為市場中的黑馬。一般來講，相對高位成交量突然放大，主力派發的意圖明顯。底部放量，換手率增加，對於這樣價位不高的股票，我們要重點關注，換手率高的可信度較高，表明新資金介入的跡象較為明顯，未來的上行空間相對較大（見表1-3）。

表 1-3　　　　　　　　部分公司的市盈率情況表

股票	2011年前三季度每股淨資產（元）	2011年前三季度每股收益（元）	市盈率
中國平安	15.3	1.88	16.63
美的電器	5.63	0.87	11.96
格力電器	5.36	1.25	11.9

資料來源：根據上市公司半年報整理。

三是多看看上市公司的市淨率。市淨率＝股票價格/每股淨資產。一般來說市淨率較低的股票，投資價值較高，相反，則投資價值較低。但在判斷投資價值時還要考慮當時的市場環境以及公司經營情況、盈利能力等因素。市淨率是決定一只股票內在價值的重要指標。

如果上市公司的股價與每股淨資產的比率越低說明，表明公司經營的業績越好，資產增值越快，公司的價值越高，相反，則越低。在熊市的時候，市淨率一般在1.5倍左右。到2012年2月，滬市的市淨率為2.1倍，低於998點對應的3.3倍和1,664點的2.2倍水平。

四是多看看股本收益率。股本收益率是公司的淨收入（銷售收入－銷售折扣－銷售退回）除以總股本，是衡量利潤占公司股本的重要指標，能夠比較準確反應公司盈利增長情況，是進行價值判斷的重要指標。一般來講，股本收益率上升，表明公司的盈利率上升。如果公司的股本收益率穩定，表明公司的盈利率穩定。如果公司的股本收益率下降，則表明公司的盈利率下降。股本收益率對公司的盈利性具有較強的預見性，選擇股本收益率應該不低於15%，大於20%、30%的股本收益率是令人期待的公司。如，巴菲特選擇的公司，股本收益率都比較高，

其買入的可口可樂、美國運通公司等股票股本收益率在30%~50%。

五是多看每股現金流。現金流充足，表明公司的資金充足，可以進行回購等操作。從2008年9月參與回購的公司來看，多是現金流充沛的公司，只有現金流充沛，公司的持續經營才沒有問題，就能維持和保證公司的正常運轉。

六是多看看公司未來的發展前景。我們要注意的是，當電腦剛剛出現的時候，當微軟誕生的時候，我們誰也沒有想到，這些東西會走進我們的家庭，走進我們的日常生活和工作之中，並風靡世界。因此，我們要把注意力放在未來領先的公司上。買股票是買入公司的未來，最好的投資是買入的時候考慮5年，甚至10年以後的事情。比如，未來的電動汽車行業，包括其充電電池的發展。如果一個公司生產的電池在10~20分鐘之內就能充好，或像加油一樣換一塊電池，能讓汽車跑上百公里乃至幾百公里，既經濟又環保。這樣的電動汽車走進千家萬戶是可期待的，其發展前景將是多麼的美好。

七是多看看股息率。成熟的股票市場表明，將股息率作為一個上市公司是否給投資者帶來真實回報的重要指標。如果公司的分紅股息率高於一年期銀行的利率或長期國債收益率，筆者覺得就可以啦，當然越高越好。另外，公司的未分配利潤也很重要，因為從長期看，公司的增長會超過未分配利潤。

在經歷了股市的暴跌以後，有人對價值投資產生了懷疑。有人認為，中國沒有進行價值投資的土壤，價值投資被「嘲笑」。有人認為中國根本就沒有進行價值投資的上市公司，只有不斷地做短線才能成功。

事實是這樣的嗎？

中國上市公司中不乏優秀公司，也許在 10 年以後，會出現中國本土的「沃爾瑪」、中國的「微軟」。關鍵的問題是「千里馬常有，而伯樂不常有」，你是否為伯樂，能夠相到千里馬，並且能夠騎得住，守得住？如果有眼不識「金鑲玉」，那也是白費工夫。那種認為中國的股票沒有長期投資價值，中國不存在好的、值得進行長期投資的公司也是站不住腳的。同時，我們要看到像蘇寧電器、深發展、深萬科等這樣上漲 10 倍以上的公司，這是中國的希望，其成長的足跡均有一個顯著的特點，那就是：業績增長加股本擴張。業績增長和股本擴張「雙輪驅動」是大牛股的搖籃，這也是優秀成長股的最重要特徵，沒有那一個大牛股不是這樣產生的，這需要投資者慢慢體會。

「最牛的散戶」劉元生 20 年堅持持有深萬科等股票的經驗充分證明，價值投資的真正魅力在於：第一，要選擇好的公司。第二，低廉的價格是你獲勝的法寶。買的股票要在安全邊際之內，要在低廉或合理的價格區間，不要在股票市盈率 50~60 倍的時候去價值投資——那不叫價值投資，那是在玩火，那是在「刀口上舔血」。第三，買入的量要大，出手要狠，倉位要重，捨得出重拳，大量地買入。第四，不要買熱門的股票。在熱門股炙手可熱的時候，最好的辦法是靠邊站，站遠點，不要買爛公司股票，買入爛公司或熱門公司的股票，就會「貓抓糍粑脫不了爪爪」、「偷雞不成蝕把米」。比如 1999 年的熱門股億安科技，2007 年的熱門股中石油，等等，不知道害了多少人！只有懂得放棄什麼，只有懂得堅持什麼，才可能戰勝市場。

八是多看看淨資產收益率。一般來講，連續 5 年、10 年淨資產收益率超過 15%或 20%的股票，往往是大牛股的搖籃。

(二) 逆向思維

「物極必反，否極泰來」，這就是逆向思維的方式。格雷厄姆指出，如果總是做大家都在做的事，你就賺不到錢，這話說得非常精準。2007 年年初，當所有的人預測滬市最多漲到 3,000～4,000 點的時候，卻上漲到 6,124 點。而當市場上所有的人認為股市還要漲，要漲到 8,000 點，甚至 10,000 點的時候，股市卻跌到 1,664 點，讓幾乎所有的人大跌眼鏡。在這個時候，幾乎所有的人認為，2012 年 1 月以後，股市還要下跌，甚至要跌到 1,664 點，可股市卻悄悄地上漲。因此，市場上大多數人的看法是錯誤的，這是逆向思維、反風向操作的基本邏輯。大漲以後有大風險，相反大跌以後往往帶來大機遇，大盤是這樣，個股也是這樣。

在股市上經常出現「一九」現象、「二八」現象，或「八二」現象。這實際上是，當藍籌股被人遺棄的時候，機構們就舉起了藍籌股的大旗。而當藍籌股被炒過頭以後，機構們又換了思路，舉起小盤股或題材股的大旗。也就是說，「三十年河東，三十年河西，風水輪流轉」。投資者要適應市場的這種變化，隨時調整投資的策略。在牛市結束後，投資者要耐心經歷熊市的困苦和寂寞。在熊市的時候，也是佈局未來投資的好時候（見表 1-4）。

表 1-4　　　1996—2014 年中國股市炒作一般性規律

時間	行業	龍頭股
1992.03—1995.12	地產	兩橋一嘴（外高橋、浦東金橋、陸家嘴）
1996.01—1999.05	金融、科技、信息	深發展、深科技、中信國安
2006.06—2007.07	消費、地產、有色、券商、軍工	貴州茅臺、蘇寧電器、深萬科、馳宏鋅鍺、中信證券、中國船舶
2008.10—2010.10	有色、水泥、機械	包鋼稀土
2010.11—2014.09	汽車、醫藥	上汽集團、雲南白藥
2014.10—	券商、保險、銀行、有色、地產	中信證券、中國平安、浦發銀行、深萬科、山東黃金
炒作特點	一是風水輪流轉。藍籌股炒了，炒小盤股，然後風格轉換。二是暴漲暴跌。無論是大盤，還是個股，要漲漲過頭，要跌跌過頭。	
牛市炒作的一般性規律	券商先行，保險跟隨，有色居中，地產尾隨，垃圾股最後。	
未來預判	從美國、中國香港等成熟市場情況看，大盤藍籌股、成長股往往受到機構投資者的青睞，相反小股票無人問津。未來的中國市場，分化進一步加劇，投資者要擦亮眼睛。	

中國有句古話：「物極必反，否極泰來。」意思是說任何事物不能過分，如果過分到事物相反的方面，那麼就意味著轉機即將出現。此話應用到股市上也一樣，漲過頭必然要跌，跌過了頭必然要漲上來。在這個時候，正確的策略應該是：選擇現金流充足和良好成長性的公司，買入、買入、再買入，以逸待勞。股市是這樣，個股也是這樣，天下事情莫不如此。

《史記‧貨殖列傳》中指出：「貴上極則反賤，賤下極則反貴。」這句話的意思是說任何事物到了極限就不好了，相反到了沒有人關心的時候，反而受到人們的青睞。投資股票也是如此，當好公司的股票炒得太高時，超過了其內在價值，人們就紛紛拋棄它；相反，當其跌到價格很低，以至於低廉到沒有人要的時候，則是發掘價值、發現財富的最佳時機。物極必反就是講這個道理，逆向思維最簡單的道理，是分析和掌握別人在想什麼？並從別人的錯誤中尋求機會。在股市狂熱或跌得不成樣子的時候，應對股市泡沫或股市低迷的有效辦法就是反向操作法：「在人們狂歡或狂熱的時候賣出股票，在人們極度絕望的時候買入股票。」價值投資最典型的例子是著名投資家，世界股神沃倫‧巴菲特，他的投資策略非常簡單，以至於幾乎人人都會，但又很少有人能夠做好。這就叫簡單卻並不容易，特別是要做到內心的淡定和從容更不容易。

早在 1973 年，世界發生了石油危機，許多投資人在一片看空的氛圍中撤離了股市，但巴菲特逆市操作，大量買入《華盛頓郵報》的股票，儘管買后的 2~3 年內出現大幅度虧損，但他一直持有 30 年，賺得盆滿缽滿。股神沃倫‧巴菲特最近幾年幾個典型的逆風向操作的案例如下：2000—2003 年在長達 3~4 年的時間裡，中石油在香港股市上的價格為 1~2 港元之間波動，幾乎沒有人要的時候，巴菲特以 1.61~1.67 港元間先后花 5 億美元買了 23.48 億股，2007 年 7 月 22 日他在 12~14 港元高位賣出了全部的中石油股票，狂賺了 40 億美元，僅僅 3 年時間，其獲利超過 7 倍，幾乎無人能及。當中石油在 A 股上市時，中石油的市值超過萬億美元，在多數的人們歡呼雀躍、狂熱的時候，股神已經在數「票子」了。

巴菲特指出，「在別人貪婪的時候恐懼，在別人恐懼的時候貪婪」。在當時，許多人對他的行為不解，甚至中國股民認為他不瞭解中國國情。事實上他的行為，他的冷靜，他的風險意識，他的果斷意識，值得我們認真總結和反思。他買賣中石油的過程實際上為人們樹立了價值投資的經典案例，值得每一個市場參與者深思。尤其是要看到大師在買入之前的等待、忍耐和離場的堅定性，值得我們借鑑。沃倫·巴菲特提出的「在別人貪婪的時候恐懼，在別人恐懼的時候貪婪」的思想，應該分兩個層次進行理解，在牛市裡，多數人貪婪，貪婪得不知道自己姓什麼的時候，要恐懼，要賣出股票，堅決地賣出所有的股票，這是大師的精華所在。但是由於人性貪婪和恐懼從來就沒有變的事實，這也就是為什麼人們看不透市場中的迷霧，重複犯錯誤而不能自拔的真實原因。

巴菲特在金融危機下的逆向操作。一是在2008年9月，股神宣布以47億美元現金購買股價數日暴跌的「星牌」能源集團，斥資10億美元購買日本汽車及飛機工具廠泰珂洛公司71.5%的股份，投資50億美元購買高盛公司優先股。10月，宣布用151億美元購買美聯銀行。儘管當時他的投資已經縮水，但他痴心不改。當2008年9月、10月，美國的華爾街正在經歷「最寒冷的冬天」時，我們看到了巴菲特領導的伯克希爾·哈撒韋公司，顯示其獨到的投資風格、號召力和魅力。我覺得，巴菲特的操作是股市價值投資行為的標杆，值得我們投資者學習和借鑑。特別是在大家對市場喪失信心的時候，才是真正檢驗什麼是價值投資，什麼是投機炒作的時候。

當市場特別低迷的時候，當股票的價格被嚴重低估，要有敢於進場的信心；而當市場狂熱的時候，該股票被高估的時候，要有敢於賣出的

決心。需要我們練就「眾人皆醉我獨醒」的心態，保持內心的定力和對財富的認知。在大多數人看好的時候，你要警惕，這是謹慎操作的原則。在大多數人不看好的時候，特別是在下跌了 70% 以上，滬市在 1,800 點的時候，看不到股票的投資價值，一味地看空和做空是非常危險的事情，就如在高位看多做多一樣危險。當然，在 1,800 點看空，主要是在心理層面，懼怕「大小非」，怕「大小非」源源不斷地出來，大家不敢買票。例如中國平安的情況：按照 2008 年 10 月 17 日，中國平安宣布投資富通集團 238 億元計算，投資的本金僅僅剩下 10.58 億元。對此，海內外，網上網下對平安罵聲一片，網絡和輿論對平安更是口誅筆伐，其股價大跌，到 10 月 24 日該股最低跌破了 22.61 元，比發行價低 16.19 元。按照平安的公告，準備提取減值準備，那麼意味著 2008 年該公司的業績將出現虧損。此時，筆者認為平安仍然是平安的，儘管出現了虧損，一旦國際市場回暖，投資虧損減少的可能性很大。一旦到了 2009 年，風雨過後是彩虹，該公司銀行、證券和保險三大支柱性產業依然在，金融控股公司的格局沒有改變，與 2006 年 5 月深發展遇到股改的情況有類似之處，這也許是選擇進入的絕好機會。因為，儘管平安出現虧損，但公司的國際化戰略沒有錯，只是在國際化過程中，時機沒有把握好，這是最大的決策失誤。我們也許不受外界，包括輿論、股評和周圍人群的影響是最正確的決策，反向操作是最好的選擇，可以用很少的錢買入好的便宜貨，何樂而不為？持有它等待牛市的到來，這需要時間來檢驗。筆者覺得在 6,000 點高喊買入，在 1,800 點高喊不要買入，非常不正常。我們需要的是跳出股市看股市，跳出這個市場的喧囂認真地看待這個市場。在 3 年、5 年、10 年以後，如果我當時買入的股

票超過3.87%的銀行一年期定期存款的收益率，我就心滿意足矣。

有人說，華爾街有個古老的說法：假如你能在股市中待上10年，你應能不斷地賺到錢；假如你能在股市中待上20年，你的經驗將極有借鑑價值；假如你在股市待上30年，那麼你定是極其富有的人。這一段話說明了創造財富不是一朝一夕，需要時間的累積，需要的是經驗。

洛克菲勒說，最好的賺錢之道，就是在華爾街「血流成河」時買進好股票。洛克菲勒的這句話應用到中國股市，筆者認為也是管用的。也許2013年是我們買入股票，未來賺錢的好時機。像這樣的機會也許今后不會常常有，我們要懂得，在股市非常低迷的時候，在股價跌到荒謬的時候，大膽地買入好股票、好股票、好股票！並耐心地持有，就如農民在春天辛勤耕耘，在秋天會獲得好的收成一樣。

如何看待我們的股市，是擺在我們面前的一項重要課題，需要一代又一代人去回答。仁者見仁，智者見智。我們的股市是否已經沒有希望了呢？我看不是這樣，中國正在崛起，中國成為經濟大國是必然的，發展資本市場是中國偉大復興的必由之路，如果沒有一個強大的資本市場，中國的強大將無從談起，最多只是紙上談兵。股市有漲有跌，就如一年有春夏秋冬一樣，不經歷寒冷的冬天，怎麼會有來年的春天和秋天好的收成呢。道瓊斯指數在1960—1963年一直在500~800點徘徊，2014年12月道瓊斯指數超17,700點，誰又能說上證綜合指數永遠在6,000點以下呢？

站在21世紀的起跑線上，我們真正要做的是，掌握定價權，守住我們自己，就如守住我們內心的淨土一樣，才能掌握自己的命運。根據中央黨校教授周天勇的統計，中國石油公司當初在美國上市融資不過

29 億美元，上市四年海外分紅累積高達 119 億美元。只要你有膽識，抓住股市大跌「發財」的機會，用后續資金挖掘埋在股市「廢墟」中的股票，幾年以後，一定會有好的收穫。

2014 年 3 月，筆者的一個朋友打電話來問：股市什麼時候是底，應該怎麼辦？筆者給他說：這次的底比以往任何一次都要複雜，正因為複雜，所以基礎夯得更實，也許現在就是底，到了這個時候你還能怎麼辦？堅持，是你唯一正確的決策。要想做空為時已晚，做多，你還有機會，否則，你連這個機會都沒有了。這是考驗你耐心的時候了。我們的股民像廢墟裡的人們一樣，貴在堅持，天塌不下來，只要堅持，就會有人來救你，就有雨過天晴的時候，並能見到股市綻放光彩的好日子。他說，有人說大盤要跌到 1,600 多點，你願意信嗎？難道就怕了嗎？這個時候，依筆者看股市遍地是黃金，關鍵看你是否有這個膽。在大家都絕望的時候，這就是區分一般投資者與偉大投資者毅力的時候。不論是牛市還是熊市，一切皆會過去。我們不要失掉千載難逢的買入好股票的大好機會。

股災的來臨悄無聲息，同樣，歷史的大底的來臨也是不知不覺的。不管你相信還是不相信，歷史就是這樣一次又一次上演著驚人相似的一幕幕。儘管這個時候的股市冷得出奇，比西伯利亞的冷空氣還要寒冷，但我們要考慮的是股市仍然有熱的時候，熱得發燙的日子注定會來臨。

正是在股市狂熱的時候股市們缺乏冷靜的行為，缺乏居安思危和見好就收的境界，所以股市的蕭條就會隨之來臨。這主要是我們缺乏對周圍事物本質的觀察、瞭解和掌握，以及進行深入的判斷，在盲目樂觀中，在被「勝利」的喜悅衝昏了頭腦，對周圍的事物已經麻木。在別

人狂賣的時候，相當多的人在狂買，而當指數跌到低點的時候，又怕得要死，恨得要命，用「弱智」來形容當時或時下的芸芸眾生，一點都不過分。

筆者覺得中國股市正如高速行進的資本時代列車，正在逐漸告別過去的欺哄瞞騙、做假帳、內幕交易、莊家橫行、老鼠倉橫行、股市成為吃錢的機器的年代，而這輛車的目的地是國家興旺、市場繁榮、股市紅火而理性的年代。當然，這輛資本時代的列車在到達目的地的過程中，會充滿艱辛、挫折、機遇和各種各樣的風險，有的人在這裡發現了機遇，找到了「財寶」，而有卻遇到財富毀滅的陷阱。如何讓這輛時代的列車平穩的駛達目的地，正在考驗我們管理層的智慧。

那麼如何應對非理性原則，避免出現非理性行為最好的辦法，就是投資者在買入股票之前，需要做的是：多問自己，為什麼我要買這只股票？吸引我下單的原因是什麼，這家公司的競爭優勢在哪裡？能夠持續保持增長嗎？前景如何？你買入的公司是屬於哪種類型的公司，對其公司是否瞭解，業務是否簡單明瞭，當前的市盈率是多少？最近幾個月，甚至幾年以來該公司股價是否已經大幅度上漲，公司的服務或產品的銷售增長情況，行業的前景、公司成功的經營理念、公司投入的新項目是否真正產生效益、推動公司持續增長的核心競爭力是什麼、公司是否在作秀，等等。投資最重要的是買入的股票價格要合理，要物有所值，不要追漲，特別是對那些已經大幅度上漲的股票，去追漲風險很大，沒有把握的事情，就不要做。只有這樣，你才不會犯低級錯誤，不會上當受騙，不被市場或躁動的人群所左右，而失去自我的判斷能力。同時，投資者要善於總結和分析自己投資成功、失敗的原因，進一步找到適合自

己的投資思路。

在買入以後，可按以下思路進行操作：一問自己大盤是否已經很高？二問自己手中的股票已經漲得很厲害，或出現滯脹，甚至大盤漲，自己的股票在下跌嗎？三問自己的股票市盈率已經超過了50、60倍了嗎？四問你周圍受到的服務、或購買的產品物價是否在漲？五問自己周圍的人是否已經非常的熱衷於股市或股票？六問自己我是否該賣掉自己的股票？一旦決定，堅決出貨，絕不要猶豫，哪怕賣了以后，你的股票大幅度上漲也不要后悔。

（三）無為而治

近看驚濤駭浪，遠看波瀾不驚，這就是股海。

無為而治是道家的主張，運用到投資領域，其基本邏輯是，市場不可預測。大量的實踐告訴投資人這樣一個道理，對市場走勢判斷是模糊的，不清晰的。也就是說，面對變幻莫測的市場，最大的作為就是不作為。如果投資人什麼也不做，一直空倉或滿倉的話，就是最大的收穫。但時間是醫治創傷最好的良藥，時間將撫平受傷的心靈，時間會使一切歸於自然或平淡。

在都江堰二王廟，聳立著老子一幅上善若水的牌匾，道出了老子的「無為無不為，無事無不事」的思想。上善若水，應用到投資上，像水一樣，順勢而為，遇阻則躍，遇水則歡，看似柔弱，卻剛柔相濟，逢山開山，逢土開溝，鬼斧神工，看似簡單卻蘊藏了深刻的哲理。

在通貨膨脹的條件下，投資者要樹立不存錢的觀點，為什麼？那是因為存錢要貶值。宋鴻兵說：一個中國人在20世紀70年代存7,000元

錢，30 年以后變成最窮的人，而假如這個人在同樣的時期以同樣的錢買入黃金的話，那麼他或她的 7,000 元錢已經變成 480 萬元。

深圳市民間慈善名人陳觀玉投資深發展的舉動值得投資者學習、借鑑和思考：

1987 年，深圳發展銀行成立之后，以自由認購的方式向社會公眾公開發行普通股股票。當時全國對股票知道的人非常少，更不用說懂股票，還要買股票。深發展的股票發行工作遇到了非常大的困難。就在這個時候，素有「中英街上活雷鋒」美譽的陳觀玉聽說后，認為這是一件支援國家建設的好事，主動取出 2 萬元存款購買深發展股票 2 萬股！這在 1987 年是少見的大宗股票認購行為。深圳發展銀行蛇口支行老員工張正民還記得當時的情形，張正民提醒她，這跟以前的信用社入股不一樣，是不保本的。陳觀玉回答道：「不保本就不保本。深圳特區好不容易建起了一家自己的銀行，大家能幫一下就幫一下，也算是支援特區建設。」張正民又說，買了股票錢就不能像存銀行可以取出來，到年底也不發利息。陳觀玉還是一笑，說：「給國家出力，還要什麼利息。」他們都沒想到，僅僅幾年后，這 2 萬股深發展股票會帶給陳觀玉超過百萬元的收益[①]。同樣，在深圳。一位汽車司機，在 1988 年買了 10,000 元深發展原始股，買了以后，就一直放在家裡，直到 2009 年才發現這份股權證。儘管深發展公司認為，魏先生的股票已經過了登記期，但是，根據有關人員計算，魏先生的資產已經超過 1,000 萬元。

---

① 巴曙松. 改革三十年股市篇：7 千萬人同坐股市「過山車」[N]. 廣州日報，2008-07-13.

中國古代軍事家孫子曰：夫用兵之法，全國為上，破國次之；全軍為上，破軍次之；全旅為上，破旅次之；全卒為上，破卒次之；全伍為上，破伍次之。是故百戰百勝，非善之善也；不戰而屈人之兵，善之善者也。故上兵伐謀，其次伐交，其次伐兵，其下攻城。攻城之法，為不得已。無為而治與孫子的不戰而屈人之兵的思想，與投資成功的策略不謀而合。有的時候看似積極主動的行為，未必就是好事，以靜制動，也許是最好的策略，有的時候會有意想不到的收穫。

歷史和現實的經驗表明，依靠技術分析不能戰勝市場。那麼怎樣才能戰勝市場呢？要想戰勝市場，投資者最重要的是堅持「老子的無為而治」的原則，其重點應把握以下幾點：

一是買入的公司股票盈利水平和盈利能力要連續5～8年高於市場平均水平，其淨資產的收益率連續4～10年保持在15%以上的水平。

二是買入股票的時候，最好是在市場不狂熱的時候，要在沒有人買的時候，最好是證券公司的人已經在聊天，人們根本不談論股票、不關心股票的時候，這個時候也許是最佳的買入時機。

三是股票的價格要絕對的低廉，或便宜，要大大低於公司價值，凡是高於其價值的堅決不買，這是投資成功的最重要的法則。在2004—2006年，深發展在6～7元錢的時候，為什麼你不買點來放起，如果你有足夠的耐性，不擔心買了以後會下跌，我想現在你不會太計較其漲跌情況。因為，你買入的成本很低，已經不用你去考慮短期的情況，這需要有大智慧。而簡單的操作，看似無為，實際是有為，而且是大為。

四是要大量買入，集中持有一只股票；如果你買進的股票太多，一方面，不利於管理，另一方面，也不利於獲得好的收益。而且買入的股

票太多，風險反而集中。因為你沒有那麼多的精力來照顧好的股票。有的人本來就幾萬元錢，卻買七八只股票，這樣是不行的。筆者認為炒股票就跟養孩子一樣，養多了顧不過來，會顧此失彼。

五是要減少交易的頻率，避免多交手續費，減少成本。從世界範圍看，買賣頻繁的人投資回報不好，只有那些少動或者不動的人盈利最大。因為，你頻繁的交易只會增加成本，為證券公司做了貢獻。如果你不在乎短期的下跌，就會收穫更多，而不是虧損出局。因為，人在股市，如人在江湖，不在乎一朝一夕。

多動不能取得好的結果，其例子比比皆是。如，筆者的一位親戚，他的操作手法就是炒短線，買賣異常頻繁，一年下來，他成交額上億元，每年給證券公司交了許多佣金，但自己卻虧損不少，尤其是在2012年，簡直是大幅度虧損，以至於對股票已經出現恐懼，連盤都不想看。

看看國際上的投資者他們非常有耐心，一只股票要做幾年。我們不妨也要與時俱進，學習並掌握好的投資方法。

六是堅持「四不」原則，即不看電視、不看報紙、不信股評、不要受身邊人的影響，獨立思考、獨立買賣的原則。

七是多觀察小盤股。實踐證明，小盤股利於莊家操作，其漲幅驚人。例如，2009年以來在滬深股市上，漲幅巨大的股票幾乎都是小盤股。經歷了2009—2010年的爆炒，從未來看小盤股迴歸正常的水平將是長期的態勢。對此，投資人也要有心理準備（見表1-5）。

表 1-5　　　　　　　　　　小盤股漲幅情況表

股票	2008年10月28日收盤價(元)	2009年4月27日收盤價(元)	漲幅(%)
中國軟件	5.64	27.5	387
德豪潤達	2.35	11.34	382
浪潮軟件	3.95	13.9	251
金晶科技	4.41	14.03	218

從 2008 年 10 月 28 日到 2009 年 4 月 28 日，滬指從 1,664 點上漲到 2,400 點，漲幅為 44.23%，但中國軟件、恒邦股份漲幅超過 300%，科力遠、杉杉股份、西藏礦業漲幅超過 100%，遠遠超過大盤漲幅。

投資人要注意的是，不要「騎在牛背上遍地找牛」，也許牛股就在你的手裡，問題的關鍵在於你是否騎得穩，抓得緊，抓得牢。

（四）忍耐原則

《大學》：知止而后定，定而后能靜，靜而后能安，安而后能慮，慮而后能得。

「忍字頭上一把刀」，看的是誰比誰能忍。忍耐是投資者必須具備的優秀品質，甚至比黃金還要重要。投資要想獲得成功，不要求快，欲速則不達。

在投資的長河裡，需要投資者樹立的操作理念是不要急於操作，尤其是在猶豫不定的時候，你需要的是耐心等待。在大的機會來臨之前，最好的辦法是「忍」。

忍耐使投資者能獲益，投資者賺錢 90% 靠忍耐，10% 靠聰明。根據

世界股市發展的經驗表明,在股市上沒有專家,只有輸家或贏家,對股市進行評論,就如算命先生,「嘴巴兩塊皮,邊說邊移」。告訴你高拋低吸,漲就賣跌就買,猶如變色龍,善變是其最大的特點。如果分析師能夠做到這一點,他又何必當分析師,自己坐在家中,就會有賺不完的錢。因此,我們不要道聽途說,要自己判斷。

忍耐和堅持是股票投資者成功的唯一法則。俗話講:沒有人能隨隨便便成功,講的就是投資要成功,要學會忍耐。我們經常遇到很多這樣的人,在股市行情好的時候,他們豪情萬丈,不斷的追加投資金額,敢於追漲殺跌。但是,當大盤指數調整的時候,特別是一些非常好的股票價格已經被「腰斬」時,反而不知所措,心灰意冷。歸納起來,股市不外乎有三種人:第一種人,在股市就是「絞肉機」、一片看空的氛圍中,失去了自我,失去了獨立判斷,乾脆告別股市,放棄了投資。那是因為他們在低位的時候,被下跌氛圍嚇怕了,恐懼占據了自己的內心。第二種人,就是被套住了,但是當他或她的股票,剛剛解套,或賺了一點點錢,就賣票,等他或她一賣了以後,股票就大漲,這是發生在好多人身上的事情。第三種人,他們心態好,不追漲殺跌,對大盤的下跌,不動聲色,看準時機,選擇非常好的股票,加大投資的力度,買入更多、更好的好股票。這樣的人或許就是發財之人,勝利也許就屬於他們。也就是說,如果你不能忍受下跌的痛苦,那麼你也不能享受上漲帶來的收益,忍耐和收益是成正比的。

耐心是投資成功的最重要因素。如果你在牛市中賣出了股票,如果你又有耐心地等到下一輪熊市的話,那麼你就能以很低的價格買回來。在這樣一個輪迴中,考驗的是你的耐力,而非智力。從股市實際運行情

況看，會出現大量被市場低估的股票，而且這樣的時間會持續一段時期，在這樣的時期，是投資者身心和毅力被摧毀的時期，也是投資大眾抱怨非常多的時期。市場就是市場，它為那些有經驗的投資者提供了絕好買入的機會。根據觀察，一般來講，一只股票從估值被市場低估到上漲一般要經歷少則三個月，多則 2 年半左右才能等到上漲的機會（見表 1-6）。

表 1-6　　　　　　　部分股票從橫盤到上漲需要的時間

公司名稱	從橫盤到上漲經歷時間
興業銀行	2011 年 6 月–2012 年 12 月持續 1 年半
白雲山	2004 年 7 月–2006 年 12 月持續 2 年 3 個月
山東黃金	2011 年 12 月–2014 年 5 月持續 2 年 5 個月
	2003 年 8 月–2005 年 12 月持續 2 年 4 個月
中金黃金	2011 年 12 月–2014 年 6 月持續 2 年 6 個月
	2003 年 8 月–2006 年 1 月持續 2 年 5 個月
信立泰	2011 年 11 月–2012 年 9 月持續 10 個月
華潤三九	2012 年 1 月–2012 年 4 月持續 3 個月
	2003 年 8 月–2006 年 3 月持續 2 年 7 個月
上海機場	2010 年 10 月–2012 年 12 月持續 2 年半
天津港	2010 年 6 月–2013 年 3 月持續 2 年 9 個月
東北證券	2011 年 12 月–2012 年 11 月持續 1 年
中信證券	2010 年 7 月–2012 年 12 月持續 2 年 5 個月

時間是投資成功的朋友，只要堅持，一切皆有可能。在市場狂熱的時候，拋出股票，這是聰明投資者的做派。只要股市不跌，尤其是不大

跌，就不買股票，哪怕等待1年、2年，甚至更長的時間，這考驗的是投資者的經驗和智慧。投資失敗的原因很多，最主要的是，心態決定財富，要麼是在狂熱的時候買進，而在高點不賣；要麼是在剛開始跌的時候就進入，或跌得不多的時候進入。真正的成功者應該是忍者，忍常人之不能忍。跌了20%不動心者，是一般的忍者，跌了40%不動心的人是強忍者，而跌了60%，甚至跌了70%的人不動心那就不是忍者，是懦弱者。正如有人在5,000點、6,000點的時候說：我喜歡中國平安，而當中國平安跌到20元附近的時候，喜歡這些股票的人都跑到哪裡去啦，如果在此時買入者，我認為是真喜歡，而更多的是假喜歡，乃葉公好龍也。投資最重要的是忍，忍者無敵，但在忍到極限的時候，該出手時要出手，而且出手要狠、要重，此乃制勝之道也。

　　從長期看，值得你投資的股票不超過5只，不管你是錢多錢少，操作的方法都一樣。選股最好要選領漲者——「領袖」，領袖具有王者的霸氣和風範，只有這樣的股票才能一呼百應，才能獲得超額的收益。如果你在上漲過程中站錯隊，就會被邊緣化，跑輸大盤是大概率的事件。

　　投資股票的最高境界，應該是大智若愚，無為而治，再過3～5年甚至10年以後，我們相信中國的股市會非常的強大。

　　世界上最難的事，是堅持。投資者要有忍耐的精神，忍常人之不能忍。如果心浮氣躁，是不可能取得成功的。股場就如戰場，需要的是你的智慧、忍耐和堅持，這一點在下跌的時候最為重要，考驗的是你的人性。

　　中國有句俗話：槍打出頭鳥。股市如戰場，股民如士兵，投資要成功，不僅需要頭腦靈活，更要適應市場的變化。如果我們內心的修煉不

夠，應變的能力不強，在高難度投資面前多半是要失敗的。因為股海有時候表面風平浪靜，但海底卻暗流湧動。如果市場已經發生了變化，而你不能發現這種變化，並在思維和行為上不能適應這種變化，就不能跟上形勢，不能把握大勢，就不能適應市場的發展變化。因此，股市投資需要考驗人性，只有能夠忍耐，能克服自身弱點的人，才能取得成功。

從美國過去幾十年的情況看，在投資產品的選擇上，收益率最高的是股票。其次，是投資基金，然后才是房地產，儲蓄的收益率最低。同時，進行投資要講究策略，一是要有好的投資理念；二是要有忍耐力，貴在堅持，堅持就是勝利；三是不要耍小聰明，不要以為自己比別人厲害，頻繁操作。真正賺大錢的人是靠時間累計起來的，就如俗話講：不積跬步，不以致千里，講的就是這個理。

守株待兔，坐等投資機會是唯一正確的決策。在股票投資的歷程之中，相當多的投資者喜歡到處尋找機會，然而在大多數的情況下，主動尋找的結果是什麼也沒有找到，反而業績平平，甚至是屢屢虧損。在股票投資中，有一種方法非常有用，那就是坐等機會。如果沒有等到你所需要的機會時，最好的辦法是千萬不要下手。坐等機會的方法，最為關鍵的是要等股票的價格跌到荒謬的時候，尤其是沒有人敢要的時候，那才是機會，否則，那都不叫機會。在日常生活中，守株待兔通常用作貶義詞，形容那些迂腐，因循守舊的人。事實上，在股票投資中，守株待兔，坐等投資機會的辦法，對相當多的投資者來講是適用的，但是卻很少有投資者能夠做到，其難點不在於智力的高低，而是比試耐心，只有那些願意等待，願意守候的投資者方能夠獲得良好的收益。如，上港集團，自從該公司整體上市以后，曾經炒到了11元，按照公司1股轉換

為4.5股計算，復權價格為49元左右。但是從2006年以來該股一直下跌，到2013年跌了7年，最低跌到2.33元，一直就是不漲，在股市中幾乎無人問津。按照當時1股轉換4.5股計算，該股的價格應為10.5元，可以這麼說，其股價已經是跌到非常荒謬的價格。誰料到在2013年上海建立自由貿易區的概念下，該股票一度漲到7.22元，漲幅達到2倍以上。同樣的情況也曾經發生在興業銀行等股票上。也就是說，投資者的目標是要持續關注那些不被歡迎、股價被嚴重低估的大公司，而且是在公司股價長期下跌以後，尋求良好的買入機會。為什麼有時會選擇買大公司股票，那是因為大公司抵禦風浪的能力相比小公司來講要強得多，業績改觀、利潤增長也容易得多。

投資與釣魚一樣，不要慌，不要忙，多看少動是最好的策略，特別忌諱的是為了一點點的蠅頭小利頻繁地操作。而頻繁地操作只會失去大的利益。有的人做生意，「三年不開張，開張吃三年」。而那些人自認為抓住了機會，但實際上什麼也沒有抓住，就如猴子掰包谷，掰一個丟一個，最後什麼也沒有得到。現實中的投資者最容易犯的毛病就是，股市剛開始跌就補倉，但是等大盤已經跌了60%左右的時候，他或她早就沒有錢了，眼巴巴的看到大盤仍在跌，手中個股在跌，想補倉卻沒有錢，這就是耐心不夠造成的結果。如果我們練就了「呆若木雞」的精、氣、神，不為外面的誘惑所動，不為短期的利益所動，那麼等來的是大機會，大利益。

（五）順勢而為

俗話講：順之者昌，逆之者亡。趨勢投資方法的基本邏輯，是預計

市場或個股要上漲或下跌，買入或拋出手中的股票。

「選股不如選時」，順勢而為是股市投資的最高法則。研究股票投資，我們發現不論是大盤，還是個股都一樣，存在趨勢或順勢的現象。當趨勢走好的時候，幾乎股市中的任何股票都要漲，相反，當股市趨勢走壞的時候，股市中的股票都會下跌。也就是說「覆巢之下無完卵」，懂得這一點非常重要。因此，遵循順勢而為的原則，就要採取相應的策略。在熊市開始時，要果斷出局，賣出全部股票。比如，當滬市從2007年10月的6,124點，開始下跌的時候，按照跌破10%就拋的原則，也就是說，一旦股指跌到5,511.64點的時候，無論是什麼樣的股票，都應該拋。如果你認為大盤跌到5,000點、4,000點、3,000點，你以為已經到底啦，就去搶反彈的話，后果不堪設想，任何時候都要把你套起。當大盤跌到2008年的10月28日1,664點、2012年12月4日1,949點的時候，儘管市場充斥著各種各樣的利空，但你自己心裡要有一杆秤，也許當下就是底部。當處於熊市的末端，大盤剛開始走好的時候，要敢於進場。當大盤處於牛市的初期、中後期的時候，要敢於持股。當牛市處於末期的時候，要有先見之明，要「跑得快，當元帥」，最重要的是以大盤跌破10%為限。

目前，趨勢投資在中國大行其道，尤其是以投資基金為主的機構非常崇尚趨勢投資的法則。比如，2009年初，人們還信奉「現金為王」，但到了5、6月份，卻覺得現金並不安全，從一直看空、做空市場，到牛市時紛紛踏空，屢屢出錯。主要是人們預期的改變，紛紛將資金撤離或投入到其他領域，造成了市場加速下跌或加速上漲，往往出現矯枉過正的局面。但從成熟市場，特別是從美國股市的情況來看，趨勢投資的

策略早已經被人拋棄，因為人們發現趨勢投資也不能戰勝市場。因此，投資的法則是不斷變化的，在一個時期也許這種方法管用，但在另一個時期，也許那樣的方法已經過時，這就需要投資者與時俱進，並根據變化了的市場採取相應的策略，方能戰勝市場，取得優勢地位。

投資行為可分如下3類：

一是最聰明的行為，就是在貨幣供應量見底並在股市開始上漲的時候，買入領漲股，而在高位或相對高位賣出股票。當然，要判斷貨幣供應量見底也是一個比較難的問題，但只要你有心的話，也能預測到八九不離十，因為該指標有可能長期處於底部，市場的底部也可能長期醞釀，這個時候的底部要比平常複雜得多，這需要你的耐性和果斷。相反，在下跌過程中，最聰明的行為是三十六計，走為上策，以靜制動，以不變應萬變，控製風險成為主要任務。

二是最不應該的行為，在高位買票或在下跌過程中買票，以為自己發現了機會，這實際上也許是陷阱，需要你明辨是非。真正的機會，在於方向和趨勢確定以後，才能做出最好的、最明智的選擇或抉擇。

三是最明智的行為，是在股市漫漫下跌過程中，不為短期的漲跌所動，使自己置之度外，這需要真正的大智慧。在股市下跌過程中，想抓住賺錢的機會，往往是徒勞的。

筆者有一個朋友就是這樣。他喜歡搞技術分析，有時候，認為技術上看已經要反彈，老是想做短，結果是一次虧十幾萬元，第二次再虧十幾萬元，相當於左邊挨了一巴掌，右邊又挨一巴掌，打得他暈頭轉向，不知所云，等滬市跌到已經具備投資價值的時候、在議論一片看空的時候，他卻看不到機會，因為他已經被這個股市傷透了心，不敢再進場。

2005—2007年，上海股市儘管其中經歷了各種各樣的曲折，但股市從最低的998點上漲達到了6,124點，漲幅達到了4倍。在這個時期，大多數的股票漲幅驚人，尤其是證券、保險、銀行和有色金屬公司的股票。相反，從2007年10月到2008年10月中國股市跌幅驚人，下跌了72%，下跌最大的股票也同樣是證券、保險、銀行和有色金屬公司的股票。因此我們可以得出一個結論，那就是股市牛市牛股路線圖類的股票是：證券股、保險股和銀行股，這些股是牛市上漲幅度最大的股票，特別是龍頭公司的股票。既然股市或股票存在趨勢，採取趨勢投資的方法，應該是比較好的辦法。上漲或下跌的趨勢被破壞，應該立即買入或賣出，以利於保護好盈利或遏制虧損。在趨勢不明確以前，就採取觀望，一旦趨勢明確大膽地買入或賣出。那麼，趨勢明確的標準是什麼？我認為大盤的趨勢以10%為線，個股也一樣，一旦漲幅超過10%就可以買票，但如果股指或股票跌幅超過10%同樣要觀望或賣票。這個要作為投資的一條紀律，嚴格遵守和執行。

投資要成功，必不可少的就是耐心。《孫子‧九章》中指出，靜若處子，動若脫兔，意思是說不動的時候，要像大家閨秀，深待閨中；動起來的時候，要像脫手的兔子，要像離弦之箭。該出手時就出手，成功的關鍵在於耐心。

投資是一個長期的過程，是馬拉松式的賽跑，拼的就是耐力和堅守。巴菲特說：用屁股賺錢比用腦袋賺的錢多。面對紛繁複雜的世界，如何才能夠堅持長期持有股票呢？孟子曰：貧賤不能移，威武不能屈，富貴不能淫。好的股票需要時間，需要耐心。

在股市大跌的時候，特別是大盤已經跌了70%以上的時候，更不能

賣股票。如果這家公司基本面沒有發生變化，這家公司的長期競爭優勢存在，一旦公司克服了暫時的困難，經營就會出現復甦，業績就會出現好轉，公司的股價就會出現上漲。有的人，買入股票才幾個月或1年多就沉不住氣了，就要割肉出局。普希金說，假如生活欺騙了你，你不要氣餒，同樣，假如你在股市中虧損嚴重，傷痕累累，身心疲憊，請你不要氣餒，最重要的是要忍耐和堅持，要保持內心的鎮定，耐得住寂寞，儘管過程漫長，時間會醫治好你的傷口。

一般投資者不能夠忍受的是，看見別人的股票就跟花一樣好看天天漲，自己的就像醜丫頭，左看右看不順眼。特別是大盤都在漲的時候，就是自己的不漲。在這個時候，相當多的人就氣餒了，紛紛拋掉自己手中的股票。事情就是這樣怪，一旦你拋掉它，這個股票馬上就天天漲，「醜小鴨變成了白天鵝」，命運就是愛捉弄人。

（六）安全邊際

現代投資大師格雷厄姆在研究投資行為的時候，提出了價值與價格之間的關係，投資者買入股票基於公司的基本面和內在價值，確立了安全邊際。

巴菲特作為格雷厄姆的學生，繼承了老師的風格，並發揚光大。他認為買的東西好，價格合適，何時賣不重要，因為你本來就留足了空間。

記住，買入股票的價格是重要的，凡是價格超過其內在價值的股票，你的贏利夢想不僅要破滅，而且可能帶來虧損的結局。也就是說，當股價上漲的速度超過公司成長的速度時，必然帶來股價的下跌。任何

商品或投資產品，凡是被低估，就會吸引大量的資金蜂擁而至，最后的結果就是要被爆炒。目前，幾乎所有的投資產品或商品都已經被炒過了，如綠豆、大蒜、黃玉、黃金、字畫、錢幣，等等。

筆者有個朋友，曾在2012年3月、4月的時候，他問我買什麼，我說買興業銀行，業績那麼好，估值那麼便宜，就是分紅也超過了銀行的存款利息，於是他就買了10,000股興業銀行的股票，但當聽到網絡和報紙上的宣傳報導，興業銀行受地方融資平臺和經濟下行的影響，業績肯定要下滑，於是他害怕繼續下跌，虧損了幾毛錢將其股票賣了。到了2013年3月份，當看到曾經賣出的興業銀行漲得那麼歡，心裡非常難受，告訴我說，哎呀，太后悔，沒有把興業銀行給捏住，不然的話，我要賺七八萬元。仔細分析該朋友的行為，他敢於在價格低估的時候買入，而其錯誤在於被輿論所左右，沉不住氣，心裡發慌，將到手的收益拱手送人。該朋友身上的弱點，實際上也許是大多數投資者的弱點。

因此，安全邊際最核心的是，公司股票價格要被低估，即買入的股票要物有所值，才屬於投資的範疇。投資者需要克服的是，當買入被低估的股票以後，尤其是看見別人的股票漲得歡，而自己的股票就是不漲的時候，不能有「家花沒有野花香」、「這山望著那山高」的思想，要耐得住寂寞，要相信只要被低估，只要有價值，上漲是遲早的事，不要急，「心急吃不得熱豆腐」。

安全邊際是投資最核心的原則，也是投資成功的基石。堅持安全邊際的投資者，能夠帶來好的收益。

沒有安全邊際，買賣股票，那不是投資，是對自己和家人不負責任的表現，最后得為自己的行為埋單。

當然，要準確判斷一種證券的價值對多數投資人來講是有困難的。最簡單的辦法，就是由市盈率、市淨率來判斷。選擇在行情不好的時候買入，是比較好的選擇。選擇更好的行業、更好的公司、更好表現的股票，更是你應該做的事情。

也許有人認為，認真做技術分析，可以依據所作的技術分析，高點賣出低點買入，在股市上大顯身手。如果是這樣的話你就錯啦。為什麼？因為技術分析往往是「事后諸葛亮」，是根據過去的結果預測未來，而未來本身不可知。

買入的時點很重要，當股市或股價正處於底部的時候，你賺錢的概率就大得多，相反，就可能虧錢。如，2012年10月4日創下的1,949點，與2005年998點、2008年10月份的1,664點非常類似。筆者與許多朋友講這是個非常堅實的底部，而且這個點位將是新一輪牛市的起點。

股市有自身的運行規律，漲多了跌，跌多了漲，其背后的根本原因是，估值。估值高了，就跌，估值低了，就漲，凡是股市偏離了正常方向，就要進行修復，就這麼簡單。從估值看，2012年11月21日上證指數平均市盈率10.98倍，比美國股市長期價值中樞市盈率16.5倍都低。從上證180指數看，2012年1月6日市盈率為10.58倍，比2005年12月6日14.33倍和2008年11月4日10.60倍都要低，比同期美國標普500指數13.61倍低。

從個股看，中國遠洋從2007年60多元跌到2012年12月的4元左右，跌幅超過90%。難怪，有的股民以淚洗面，認為股市害人不淺。但是，也許就在此時，股市的生機已經出現（見圖1-1）。

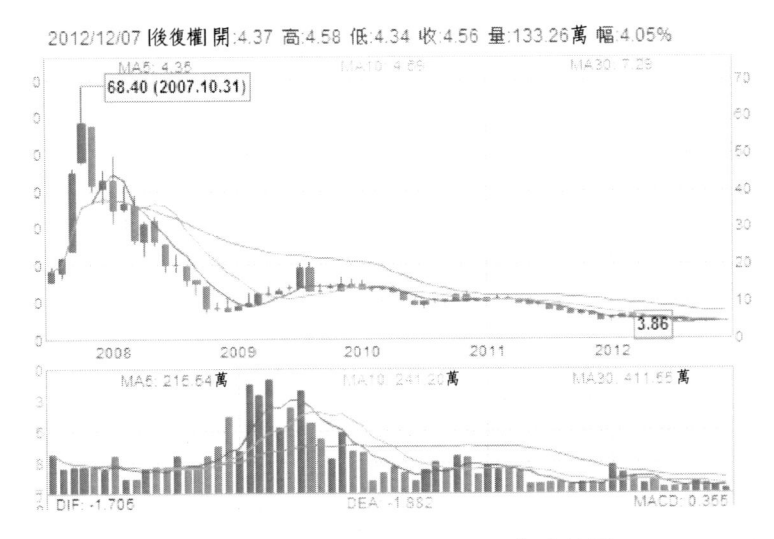

图 1-1 中国远洋 2008—2012 年走势图

资料来源：新浪财经。

二、不明智的投资

(一) 非理性

传统的金融理论是建立在理性人、有效市场假说的基础上，理性人在信息获取上是公平的，且能够对信息进行正确处理和加工，并追求目标最大化。从理论上讲，金融市场应该是理性的，但从实际看，特别是股票市场，是不理性的，风险无处不在，风险不可避免。但是，假如我们能够加强防范和控制的话，减少失误是可能的。

以耶鲁大学的席勒教授为代表的一批金融学家认为，投资者并非完全理性甚至是不理性的，人的非理性行为在经济系统中发挥着不容忽视

的作用①。從國際國內看，股市從來都是非理性的上漲，或非理性的下跌。人在股市，精神狀態比技巧更為重要。如果你沒有靈敏的嗅覺，聞不到市場的血雨腥風，被套應該是常態。投資人的非理性行為，容易解釋。因為，人類是群居的動物，容易受到相互之間的影響，買股票也一樣。2007年，中國股市流行一首《死了都不賣，不翻倍不痛快》的歌曲，實際上是人們在股市狂熱下的真實寫照。俗話講：眾人拾柴火焰高，在牛市的時候，大家不問青紅皂白，紛紛做多；而當大熊市的時候，人人又紛紛拋出股票，即使買入也謹小慎微，講的就是這個理。

　　股市的非理性上漲和下跌有兩個典型的案例，其行為特徵是反應過度，表現為漲要漲過頭，跌要跌過頭，急漲急跌，這就是臺灣和中國大陸股市的典型特徵。2007年非理性上漲最終以2008年的非理性下跌結束，同樣的情況也發生在2009年和2012年。這樣的情況，也許在今後的歲月中仍然會不時發生。

　　那麼在非理性的股市面前，我們應該如何做呢？筆者覺得應該從以下方面進行把握，要充分應用市場的非理性行為。當市場非理性地上漲的時候，我們要保持高度的警惕，隨時準備賣出股票，防止出現大幅度的下跌。相反，當市場出現非理性的下跌的時候，我們要正確認識股市，盡量減少自己行為的偏差，堅持理性的策略，在股價嚴重偏離公司的內在價值的時候，在低位買入所需要的股票。如果我們一看到股票上漲就高興，一看到股市下跌就氣餒的話，那只能說明我們還不夠成熟，就會被市場所左右，這就是為什麼那麼多的投資者在高位風險意識不

---

① 尤旭東. 行為金融與賈瑞現象［J］. 證券市場周刊，2008（9）.

強,膽特大,不知道拋,而在低位膽特小,不敢買的根本原因。

(二) 從眾心理

從大多數的情況看,投資者買賣股票一般遵循從眾心理的原則。一般來講,許多人的行為是看別人買什麼,也跟著買什麼,這樣的人占比較大,這是典型的羊群效應。特別是在 2007 年的一輪牛市中,榜樣的力量是無窮的。在我們身邊周圍的人群充滿的是賺錢效應,在這樣的示範帶動下,一部分人禁不住誘惑,按捺不住,紛紛地進入了股市。比如,筆者的一位大學同學,本來也不懂股票,但在 2005 年他到我家裡,順便談到股票。我告訴他,現在股市較低,如果有錢可以買點,到時候可能要賺錢。我當時的判斷是股市太低迷啦,投資價值已經出現。所以,他在 2005 年分別在 11 元左右買入了上港集箱,就是現在的上港集團的前身,該公司當時已經經過了股改,后來發展不錯。后來他在這只股票上賺了錢。於是乎,他就叫我給他推薦股票,然后他又向同事、朋友推薦。我當時不知道。到了 2007 年 8 月份,有一天他請我吃飯,另外也帶了個朋友來。吃飯期間,我才知道,該同學將我推薦的股票信息告訴了朋友以及同事。聽說該朋友已經賺了 40 多萬元,心裡非常爽。

虧錢不可怕,怕的是不知道怎樣虧的錢。從眾的心理危害大。一般來講,聽分析師推薦股票虧一半,聽朋友推薦幾乎虧完。我有一個同事的老公,就是一個從眾心理行為的典型受害者。在 2007 年 11 月 5 日,她的愛人老張聽同學老王說:中石油是個好股票,是亞洲最賺錢的公司,我已經買了該股票,買到這樣的股票包賺不賠,不信你看看前一段時間,剛上市的神華公司,連續幾個漲停板,幾天之內就賺了 40%~

50%。老張不管三七二十一，也不管股價是高是低，就聽進去了。於是乎，在中石油上市的第一天以 48 元的價格買入，到 2008 年 9 月中石油跌到了 9.75 元左右。他告訴我，別人告訴他下跌就補，到如今錢早就已經用完，要想解套不知是「猴年馬月」。這就是從眾心理造成的結局。我們仔細分析這位仁兄買入中石油的主要心理因素是：我的同學已經買了這樣的股票，這是其一；其二，我們是最好的同學，他不會騙我的。實際上，他的行為和決策，是建立在從眾心理之上，一聽說別人買什麼，自己就跟著買什麼，是一種典型的從眾心理。實際上選擇和買入股票的依據應該是公司的基本面，而不是所謂的聽消息。

從眾心理不僅表現在一般的投資者身上，而且在機構投資者身上也表現突出。例如，2007 年以來的美國次貸危機中，不乏像摩根斯坦利、美林、瑞士銀行等世界級投資銀行機構，與其他金融機構一樣，買入並持有大量的次級債券從而出現巨額虧損的情況。按理說這些機構的技術分析水平均是相當的高，為什麼還會犯這樣的錯誤？那就是從眾心理作崇，看見別人買，我也買，心裡想，跟著多數人走不會有錯。而往往的結果是，大多數人的判斷都是錯的。只有孤獨者，或者善於獨立思考者，能提前發現問題，才能規避這樣的風險。比如，美國的高盛投資公司，其 CEO 布蘭克反向思維，在資產的組合中，就沒有配置次級債券，不僅自己贏得了 2007 年度最大的奶酪，而且讓高盛躲過了一劫，笑傲整個華爾街。此后，在美國五大投資銀行中，僅僅剩下了高盛和摩根兩個稀有的「動物」，而且這兩個稀有的「動物」最終也沒有能夠逃脫厄運，被迫轉為了銀行類的控股公司。這樣就可以將自己置於美聯儲的保護和監管下，即使未來有風吹草動，或者驚濤駭浪，也會得到美聯儲援手。

(三) 過度自信

在從事股票投資或投機行為者當中，不論是理性參與者，還是非理性參與者幾乎都認為，自己已經掌握了絕對的信息優勢或一定的專業知識，因而在進行股票投資決策的時候，過於相信自己的判斷力。由於「本我」的存在，將實現「超我」，即，在我的看法永遠是正確的觀念支配下，每一個人都自以為是地認為，我買的股票肯定能賺，賠的機率幾乎沒有，這是一種典型的非理性博弈。沒有人會說我是為了要虧錢而買股票，否則，他或她就不會做出這樣的決策。但無數的事實證明，買入股票者皆能夠找到一大堆的理由，並過度自信地作出決策。而不買股票也能夠找到許多的理由。但在買入以後，特別是當虧損以後，再仔細分析自己買入的理由時往往並不充分，而且事實證明，在大多數的情況下是錯誤的，其投資結果可想而知。要麼是在錯誤的時機買入股票，或在錯誤的時機賣出股票，但是他們賣出的股票卻往往比他們買進的股票表現要好，形成了一個投資怪圈。這類人多數固執己見，自己掉進了自己設的陷阱，而不能自拔，然后一次又一次地犯同樣的錯誤。2007年多數的人在滬市上5,000點以後，特別是部分股票已經超過其內在價值的時候，仍然將風險置之不顧，瘋狂購股，從而印證了「我不下地獄誰下地獄」的股市無間道的悲劇。

一個人買入或賣出股票，往往建立在以下信息的基礎上。但是，信息往往不對稱，多數人不能掌握真實的信息。

在資訊發達的時代，一般的投資者有多種渠道獲得信息，信息如果傳到你的耳朵裡，不知道又經過了多少人的口口相傳才傳給你。你以為

是好消息，實際上早就已經走了樣，這是典型的信息不對稱性原則。你是散戶，永遠處於信息的最末端，如果你想靠消息賺錢最好趁早打消這個念頭。因為，你沒有這個優勢。你最好的辦法是，當厚道人，當老實人，做老實事，才能在股市中有所收穫。同時，國家對內幕交易的查處會越來越嚴，賺安心錢才是正道。

自己分析信息得出結論，並在跌不動的時候買入。正如投資大師彼得林奇指出的那樣：「想要抄底買入一只下跌的股票，就如同想要抓住一把下跌的刀子。最穩妥的辦法是，等刀落到地上後，扎進地裡，晃了一陣停止不動了，這時再抓起這把刀子也不遲。」也就是說等到好股票跌無可跌的時候，出手要快、準，大膽買入。

投資者最為重要的是建立和完善自我認識的原則，由於人性的弱點，在市場低迷或市場火熱的時候，大多數的人認為，自己具有風險控製的能力，覺得自己比別人聰明，不會接上最后一棒。但是，事實並非如此，比如，在2007年10月至12月的時間段裡，中國股市的狂熱已經達到了頂峰，買賣的人操作頻繁，都認為自己發現了「發財」機會，賣了這只股票，馬上就買入另外一只股票，似乎股市有賺不完的錢，樂此不疲。個人如此，機構們也是如此。在2007年10月份，一批機構也在考慮10,000點、15,000點以后，日子怎麼過，大家都是躊躇滿志。而實際上，在人們高興的時候，巨大的危機正在醞釀。

在這個時候，由於人性的弱點，人們已經失去了理智，大家都被眼前的利益衝昏了頭腦。

就在不知不覺中，市場行情急轉直下，先知先覺的人，提前跑啦，后知后覺的人跑得慢一點，不知不覺的人，就深陷其中，被嚴重套牢。

被套牢的人,「腸子都悔青了」。可是世界上什麼都有賣的,就是沒有后悔藥賣,有什麼辦法呢?誰叫你在狂熱的時候,要去買票,「在刀口上舔血」。從 2007 年 10 月,我的一個大學同學告訴我,閉著眼睛買一只股票都要賺錢。我當時告訴他,如果是這樣,那就不叫股市,風險或許悄悄地來臨。但到 2008 年 10 月份的時候,他已經不敢說這個話了,因為大盤已經跌了 72.81%。面對這樣一跌、再跌、連續暴跌的市場,相當多的老股民都沒有見過,更不用說新股民了。這次股市的下跌之大、股民受傷害之深、教訓之大,歷史罕見,前所未有,幾乎無人幸免。因此,應借此機會,總結經驗,修煉自己的內功,達到自我完善、自我控製,不要再重蹈覆轍。通過此次「股災」的上演,應進一步分析投資者行為變化的特徵,告訴我們要懂得「放棄」二字的含義,放棄也是一種本事,也是一種境界。懂得了放棄,才能獲得收穫。股市中有句諺語:「股市中什麼都能賺錢,但唯有貪婪不能賺錢。」

三、投資的方法

投資的方法很多,但要找到適合自己的方法,才是最好的方法。

筆者在此只是分析、歸納、總結散戶和機構投資的一些方法,並供讀者參考。

從散戶自身的情況看,他們往往處於信息的末端,信息不靈、又愛打聽消息,同時具有資金小、無組織、無紀律、容易受到周圍人士的影響等弱點,但具有操作靈活、進出方便的優勢。而機構往往是大兵團作

戰，具有資金實力強、信息靈、有組織、有紀律等優勢，弱點是目標大，進出不方便。所以，我們經常看到機構的操作規律是，在好消息不斷的時候賣出，而在壞消息不斷、價格低位的時候買入。這就是散戶與機構操作本質的區別。當散戶歡樂的時候，機構們悄悄地、大量地賣出，而當散戶恐懼的時候，機構悄悄地、大量地買入。股市充滿陷阱，知己知彼非常重要。莊家也是人，他們瞭解和掌握了一般投資人的心理狀態，採取反向操作成為其主導思想。一般來講，莊家等到吃貨完畢以後，往往才告訴身邊的朋友，這樣的股票靠一傳十，十傳百，以達到順利出逃的目的。我們回頭看，在2012年1月至2014年5月，各種利空的消息滿天飛，股市行情是要死不活，在眾人紛紛看空，並做空的過程中，股市成交量大幅度的放大，實際上是機構或莊家悄悄吃貨的時候。

具體到個股上，莊家在拉抬之前，往往要對股票進行打壓。當2008年平安遭遇富通門的事件以後，股價最低跌到了19.90元，但是到2012年12月15日平安股價到了39元以上，漲幅超過100%。因此，壞消息不是壞事，好消息也不一定是好事。做股票獨立思考和逆向思考至關重要，但這兩者都是知易而行難。股市最容易犯的毛病是急躁，沒有忍耐力，有點錢就往股市裡塞，主要體現在以下方面：一是對自己瞭解不夠，不能克服自己性格上的缺陷，不僅不能忍，而且還貪婪。二是對機構瞭解不夠，不知道對手的凶悍。三是只有豪氣，沒有謀略，對困難估計不足，進場的時機不對。股市中最重要的是買入股票的價格，絕對低廉的股價，是抵禦市場風險和獲取收益的法寶。對股市的下跌幅度估計跌20%~30%就以為到位了，實際要跌50%，甚至70%以上。四是不願割肉。賺了錢，希望賺得更多，虧了更不願意走，越陷越深，直到

完全套牢。五是交易頻繁，失敗的機率高。六是散戶集研發、決策和操作（買入、賣出）於一身，既是指揮員，又是戰鬥員，既是決策者，又是操作者；而機構有風險防控機制，建立了研發、決策和操作嚴格分離的制度，研發的人只管研究選好股票、確定價格，研發部門完畢以後將研究報告提交給了決策層，由決策層的核心層決定買入或賣出股票，操作者或叫操盤手，則不管三七二十一，只管操盤，只管按決策方案買入或賣出。這也是散戶與機構相比最大的弱點，這個弱點決定了散戶無組織無紀律。所以我們不能決定股市或股價的漲跌，但要根據市場的變化，不斷調整自己的策略，審時度勢，隨機應變，適時則贏，失時則損，當機立斷，絕不含糊，做到「手中有股心中無股」（見表1-7）。

表1-7　　　　　散戶與機構操作的差異行為特徵

時機	一般散戶的弱點	機構的優勢
股指在高位的時候	各種利好充斥市場，散戶異常興奮，把儲蓄拿出來，義無反顧地買入	一方面通過股評和接受採訪、撰寫文章、散布內幕消息等形式，散布股市利多的消息，大肆誤導投資人，引導投資人接盤，使其上當受騙；另一方面，提前主動賣出
剛下跌	跌5%~30%抄底，抄到後來，越抄越低	觀望、觀望、繼續觀望
大幅度下跌	股指跌幅超過30%~70%時，恐懼，全線套牢，恐懼者賣出籌碼，讓其繳械投降，而想買時已沒有錢	一方面，採取請著名專家撰寫悲觀的預測股評，打壓股價、洗盤等方式，讓高位的套牢盤割肉出局，或者是讓其賺不到錢，乖乖地交出籌碼；另一方面，股指落地，悄悄地買入、大量買入
剛上漲	擔心還要下跌，仍然恐懼，觀望，觀望，繼續觀望	一方面，機構散布不樂觀的看法，讓抄底的資金賺了指數不賺錢，並拋出籌碼，拋得越徹底越好，另一方面，積極主動買入，買入，大膽買入
大幅度上漲	高興，亢奮，奔走相告	恐懼，賣出，賣出

從未來看，股市戰爭與任何時代的戰爭一樣，具有排兵布陣，從資金準備，到籌碼的分散、比較集中、集中、非常集中，再到戰略進攻和戰略撤退 5 大階段。一般來講，嗅覺敏感的主力機構能夠提前買入、提前撤出，如，私募基金、社保基金和保險資金等。從國外金融市場的情況看，股市戰爭的表現形式，一般為「大魚吃小魚，小魚吃蝦米」，一幅幅弱肉強食的場面清晰可見。從實際情況看，股市戰爭一點不遜色於實際上的戰爭，有時候比拿真刀真槍的敵人更為可怕和厲害。從歷史看，華爾街經歷了「野蠻時代」，各種內幕交易、骯髒交易層出不窮，曾經被稱為「人類的大陰溝」。同樣，在中國股市上也是如此，各種主力機構手段各異，但詐欺、狡猾是最基本的手段。許多散戶覺得個股難做，賺了指數不賺錢，主要是當看見好的趨勢時介入卻被套，而當大盤危在旦夕的時候，散戶一賣出籌碼，股票就漲，這實際上反應了主力機構操作策略和思路的變化，其目的就是要殺掉一大批在股中賺點錢就跑的「傻哥」，這可以從歷史上的股市實戰情況，如今華爾街的金融之戰就可見一斑。

　　股場是一個沒有硝菸的戰場，既要參與者要有戰略思維，樹立全局觀念，又要樹立「敵情」觀念。那麼，怎樣才能在股市中取勝？筆者認為，我們不能決定股市的漲跌，但我們可以決定買賣的時機。只有那些情緒穩定，能夠管控資金、先人一步、具有超前思維和超前能力的人，才能贏得只有少數人獲得勝利的游戲，才能贏得股市特殊戰爭的勝利。只有提前進行戰略佈局，才能做到戰略縱深、戰略操作和戰略撤退，才能在股市戰場中保存自己的實力，也才能建立和創造不敗之法則。

有人說，一個能夠控製不良情緒的人，比一個能拿下一座城池的人更強大，應用到投資上也是這個理。

情緒控製能力，即管理好你的情緒，是投資成功的必備條件。也就是說對資金的控製能力是投資成功與否最重要的標誌之一。如果我們把投資成功按比例進行劃分的話，情緒控製大約占投資成功的60%，可見情緒控製是多麼的重要。投資失敗的人，不是因為自己不聰明，而是不能控製自己的情緒。一般來講，市場無論有什麼樣的情況，不外乎處於三種狀態：一是狂熱，二是恐慌或低迷，三是介於二者之間。面對市場的狀況，投資者應如何控製自己的情緒呢。一個成功的投資者，無論市場處於什麼樣的狀態，應將情緒控製作為一種習慣、一種自然，這是進行價值投資、長期投資的基礎。第一，面對市場的狂熱，要有恐懼之心。要有眾人皆醉我獨醒的狀態，你應隨時保持清醒的頭腦，要有與生俱來的對風險的警惕性，要察覺得到風險，不能人雲亦雲。特別是當市場的風險已經大量積聚的時候，你還渾然不知，或者反應遲鈍，就會錯失出逃的良機。世界上任何商品或投資產品，一旦被爆炒以後，大幅度的回落是必然的，股票也不例外。如，紅木、紅酒和緬玉暴漲、暴跌的經驗，以及2007年9月至10月、11月至次年2月、2009年7月、2011年4月、5月股市暴漲，2008年和2012年暴跌的經驗告訴我們，一旦你周圍的人對投資品趨之若鶩，人人想進入的時候，也許就是泡沫最瘋狂之時，也許是你應該離開的時候。第二，面對市場恐慌或低迷的時候，要有貪婪之心。不管是什麼樣的情況，只要股價大跌，而且被嚴重低估，就是投資的最佳時機。巴菲特在佛羅里達大學給大學生演講時指出：「人們買股票，是根據第二天早上股票價格的漲跌，決定他們的投

資是否正確，這簡直是扯淡。」也正如格雷厄姆所說的，你要買的是企業的一部分生意。這是格雷厄姆教給我們的最基本的、最核心的策略。你買的不是股票，你買的是一部分企業生意。企業好，你的投資就好，只要你的買入價格不要太離譜。

(一) 波段操作

一般人最理想的股市操作實戰是，低買高賣，波段操作，不斷地獲取差價。我們不能否認，有這樣的能人，但是，在現實的投資中，這樣取得投資成功的人微乎其微。

短線，是指持有股票時間非常短，一般在 2 個月以內。在 T+0 的時代，當天買，當天賣。在 T+1 的時代，有的是今天買明天就賣，或者過幾天賣。目前在中國不成熟的股票市場中，短線操作的人數相當多。其主要原因是股市經常大起大落。在股市中有人稱之為：「大盤漲就買，大盤跌就賣，跑得快當元帥，」就是講的這個理。那麼，是否短線操作的人能夠賺到錢呢？實際上，頻繁操作的人絕大多數人虧錢。那是因為，你認為這個市場有賺不完的錢，而你作為市場的組成部分，不可能自己賺自己的錢，最終結果肯定不好。大量投資者的交易實踐表明，交易越頻繁，獲利越少。

股市中最大的敵人是自己，掌握好火候是關鍵。投資的要訣應該是牛市中學做松樹，咬定青山不放松；熊市中學做兔子，跑得越快越好。即使要做波段操作，也要做大波段這才是比較好的辦法。

中國股市的絕對主力，除了大股東外，非投資基金莫屬，投資基金掌握了數萬億元的規模。西方經典理論認為，投資基金應該是在低位買

入，在高位賣出，起到平抑市場波峰、波谷的作用，是市場上一支穩定力量，是市場的穩定器。但是令投資者非常遺憾的是，我們設立的投資基金成為了趨勢投機者，短線操作頻繁，追漲殺跌成為其日常操作的策略，可以說這樣的基金成為了超級散戶，與一般的投資者沒有什麼不同，它們採取這樣的職業操守，自然就走向了市場的對立面。那麼，其操作的結果如何呢？據統計，2008年第二季度，342只公募基金虧損10,000多億元，其中股票型基金虧損最多，可以說投資基金的操作手法類似於「搬石頭砸自己的腳」，結果是大多數基民遭受損失，基民們怨聲載道。連投資基金法起草小組的組長王連洲都認為，基金在市場低迷的時候，提取這麼高的管理費是不應該的。同時，大多數的基金經理們從業經歷僅僅1~3年，與其掌管如此規模巨大的基金是不相匹配的。2007年基金公司把股市推向高峰，2008年把股市推向谷底，這也是對股市不負責任的重要因素之一。這值得我們的管理層深思。但我們也欣喜地看到，監管機關已經注意到這個問題，要求基金公司在維護資本市場穩定方面要有大局意識，要堅持價值投資、長期投資和規範投資理念。

當然市場中的遊資特別青睞題材股，但這些股票被這類的資金炒過以後，就開始下跌，露出了本來面目。任何題材，如果不能反應到業績上來，終究是題材。這一點需要投資者睜大自己的雙眼，發現哪些是機會，哪些是陷阱，防止上當受騙。

在研究投資者的行為中，我們發現投資者在買賣股票時有這樣一個特點，股市越跌越不敢買，相反，越漲膽越大，敢於追漲；在買入的股票中，喜歡賣已經賺了錢的股票，而對於虧損或不賺錢的股票而喜歡留

在手上。這樣操作往往得到的結果是，事與願違。一買就買在高位上，一賣股票就大漲，似乎主力就等你手上的股票賣出一樣。

如果你發現一只股票連續下跌的時候，而且瘋狂的殺跌，一般來講屬於機構利用短線進行操作的時候，採取低買高賣；相反，如果你看見一只股票上漲幅度已經非常大，圖形很好看、放出巨量的時候，也許是賣票的時候。如果你在放量上漲的時候買入，短期內肯定要被套住。

（二）中線操作

中線操作的投資者一般持有股票在3個月以上一年以下，分兩種情況：一種是以QFII為代表的機構投資者，一般的情況下，它們具有國際視野，把握買入的時機和賣出的時機比較好，持有股票的時間比較長，有的幾個月，有的長達1年或幾年。當然QFII也有短線操作的情況，特別是市場波動大的時候，也不乏短線操作的情況。另一種是很少的一部分散戶和基金，採取中線投資的策略，一般他們不輕易賣出股票。

在投資股票中，最好的辦法也就是最簡單的辦法，在牛市中的高位上，或者相對高位上賣了票，堅決不買票，持幣觀望，採取幾年做一次的辦法。只要股市不跌，看都不要看，直到股市暴跌、暴跌、再暴跌，以至於人們的信心喪失，人人不看好股市的時候，再殺將進去，採取不漲不賣，大漲大賣，反向操作，你成功的機率要高得多。

（三）長線持股

在股市上，目前存在兩種截然相反的論調，有的人認為：應該採取

波段操作，低買高賣，賺了錢就跑，或者在虧損的時候，採取止損的方式走人，這是比較流行的操作方法。在中國股市上採取這樣操作的人很多，只是聽說有人進行成功操作，但究竟如何，大概只有自己才清楚。另一種方式，樹立長遠的觀點，採取長期持股，通過公司長期的發展實現長期的收益，而不是獲取市場的波動差價。長期的概念，一般是指持股的時間在1~5年，甚至更長的時間。這兩種方式，幾乎是對立的，分歧非常之大。我們當中有許多人買過深萬科、貴州茅臺，但幾乎有很少的人能夠賺1倍，甚至10倍以上的錢，這樣的人非常少，有的人賺了一點錢，有的人或許是虧損出局。

怎樣才能堅持長期持股呢？最關鍵的是要相信你所買的股票長期會有很好的表現，儘管早期內跑輸了大盤，漲不過別人的股票，但是從長期看，你的股票必然會給你到來良好的回報。巴菲特也曾體味了類似的人生投資痛苦歷程。在1999年，美國股市是個大牛市，這一年道瓊斯指數上漲了22%，而巴菲特的投資組合只上漲了0.5%，這樣的投資組合遠遠落后於大盤。在巴菲特的投資生涯中從來沒有過，如此巨大的差距，對巴菲特來講是奇恥大辱。幾乎所有的報刊都認為：股神過時了，股東們對其投資風格也產生了質疑。但巴菲特說：儘管我投資可口可樂這些傳統業務公司的表現不佳，但我堅信將來它們的表現會超過網絡科技股。所以巴菲特堅持一股不動。結果到2000年美國股市開始下跌，連續3年股市跌了50%，而巴菲特持有的股票反而上漲了10%，以遠遠高於大盤60%的優勢戰勝了市場。

有的人說：我知道這個股票好，但是遇到大盤下跌的時候，聽有名的分析師說還要跌，要跌破1,500點、1,200點，我就拿不住了，跟著

就跑啦。跑了以后，這個股票就上漲，然后，就后悔，恨不得抽自己。要是早曉得它要上漲，我就不賣了。別說一般人看不懂，就連機構們也經常出錯，分析師大失水準的事情也是經常發生的，對他們的話你只能作為參考。買股票要靠信心，而持股要靠決心，一旦你持股的決心不堅定，當然好股票你就拿不住。大多數的人都是這樣，這是人性的弱點決定的，喜歡隨大流。世界上只有少數的人，才能達到頂峰，投資者也只有少數人能成功。

彼得·林奇指出，如果投資者能夠不受整個市場行情的波動，以及利率變動的影響，那麼進行長期投資的投資組合一定會給其帶來不菲的回報。

2001年，當B股市場對個人投資者開放的時候，筆者在國家政策的驅動下，開了戶買入了英雄B股，當時還是賺了錢，可不久就虧損了。之后，我就不再關心，后來我又陸續將股票換成了錦州港B股、振華B股、黃山B股。后來，我發現B股長期沒有人關心，我買股票處於美元貶值和股價下跌的趨勢之中，價值早已經縮水，在人們不關心，B股似乎被邊緣化的時候，我看到老鳳祥B股比黃山B股的價格還便宜，折合人民幣才10元錢，而正股要接近20元人民幣，便宜了一倍，於是又將黃山B股換成了老鳳祥B股，然后就沒有管它了。買入后，該公司不僅給我10股送3股，而且還分紅。我覺得「巴實」，於是一直放在那兒，到2013年2月，距離我買老鳳祥B股已經超過12年了，同時我也看到老鳳祥B股已經上漲到2.6美元/股，按人民幣兌換美元計算，我每股的收益在7~8元，這個時候我再看市值早已經超過前期投入的市值。我想，這麼好的股票值得長期持有，現在筆者仍然持有。好

公司，應該值好的價格。

長線投資，主要取決於如下因素：

（1）獨立思考是投資者的優秀品質。對任何事情要抱有懷疑一切的態度，除非符合你的思路。只有獨立思考才能獲得良好的收益。

（2）思路決定出路，遠見決定財富。只有那些具備遠見卓識的投資者方能看得遠、看得準、行得遠。

（3）耐心是比金錢更重要的品質。在紛繁嘈雜的社會裡，不論別人說什麼或做什麼，保持內心的平靜是非常重要的。保持內心的平靜意味著不僅要有耐得住寂寞，而且還要拿得住。有人說，「守股比守寡更難」，難就難在內心的不易平靜，這山望著那山高。這些對投資者來說都是不利的因素。

（4）投資要取得好成績，最重要的是做少數人，不要從眾。如果你不想虧損的話，就應該與大多數人的想法和做法相反。只有這樣，你才能笑到最後。

（5）投資要少犯錯，尤其是當你錢不多或不是很有錢的時候，不要冒險，不要虧損。

（6）投資千萬不要錯過大的機遇，尤其是在機會來臨之時，一定要抓住，否則，「過了這個村就沒有這個店」。

（7）投資要專心致志，不要有炒的心理，因為炒字的左邊是個「火」字右邊是個「少」字，越炒越少，不言而喻。

從中外的股市情況看，如果投資人買入成長性公司，即使出現如2008年、2012年股市慘烈的下跌，也可以完全忽略價格的波動。從美國看，據美國《洛杉磯時報》2010年3月7日報導，美國利諾伊州芝

加哥市北部的森林湖市百歲老太格蕾絲·格羅納在離開人世後，她的700萬美元巨款，全都來源於她在1935年花180美元買的3股雅培股票①，這就是長線投資取得成績。有人說，我哪等得到那麼久。沒有辦法，只有時間能夠說明一切。

從海外投資人的策略看，一般將3年以內的投資稱為短期投資，5年左右的稱為中期投資，10年以上的稱為長期投資，這與中國內地的投資策略有所不同。

長線投資股票成功的要訣有三：

一謂先行一步。遠見決定財富，看得有多遠，你就可以走多遠。在別人不敢買的時候，你要敢買。在別人狂熱的時候，你要敢於賣出股票，休息也許是最好的策略。走在市場的前面，要求動作要早，動作要快，目標要準，出手要重。

二謂做得要少，一般來講，賺錢與操作頻率呈反比，股市中並不是操作越頻繁，越賺錢。少操作，善於操作，或者說靈活操作的人，才是股市真正的贏家。筆者有個最好的朋友，他就是個超級短線，他的投機策略是，賺錢要走，不賺錢也要走。他這樣操作的結果是，從2007—2012年虧損超過了70%，比大盤下跌幅度還要多，為什麼？因為，他自己認為自己聰明，不斷地買賣，不斷地為證券公司交手續費，有時候賺點錢也虧進去啦，一旦大盤大幅度下跌，根本就跑不掉，沒有辦法，現在他也只好套起，動彈不得。

---

① 美國老太花180美元買股票75年后變成了700萬美元［EB/OL］.新華網，2010-03-08. 07:40:35.

三謂做得要好，做得少；做得少，做得巧，才能做得好。做得好才是投資者追求的目標。在市場狂熱，或市場不好的時候，你並非什麼都不做，你要做的是，下工夫做功課，選擇好目標。在市場調整的時候，絕對不要參與調整，不參與調整，你已經成功了一半。做投資與做人一樣，知遇而安，安而慮，慮而行，行而少，少而精，精而好，好而得。投資成功的前提條件是：強大的投資理論武裝頭腦，有世界眼光、超前思維、戰略思維，這幾點缺一不可。

　　堅持長期投資並非叫你不賣股票，而是要密切關注買賣股票的重要指標：

　　成交量異常變化是賣出股票的先行指標。一般來講，反應股市上漲或下跌的先行指標，就是成交量的變化，量為價先。成交量的放大或縮小，意味著變盤的可能性增大。當股市的指數在低位時，儘管指數漲跌不大，但成交量出現大幅度增加的時候，可能預示著是股票大漲前的先兆，往往此時是大機構買入股票，股指進行大幅度的上下震盪的時候。在這個時候，應該買入股票。根據統計，2014年5~10月，中國平安、中信證券、中國人壽等一批股票在低位呈現大的成交量，預示著行情將出現大轉機。相反，當股市在高位成交量大的時候，操作策略應該是賣出股票。例如，2007年10月-12月的時候，滬深股市創出新高，成交量異常放大，但股指不能夠創新高，預示著一輪暴風雨式下跌即將來臨。

　　2005年6月6日前后成交量變化與股市上漲的關係（見表1-8）。

表 1-8　　滬市 2005 年 5 月 30 日至 6 月 28 日其成交金額與股指的變化情況表

日期	收盤指數	成交額（億元）	漲跌幅（％）
2005-05-30	1,060.16	42.73	—
2005-05-31	1,060.74	43.94	0.05
2005-06-01	1,039.19	48.52	-2.03
2005-06-02	1,016.06	58.76	-2.23
2005-06-03	1,013.64	47.41	-0.24
2005-06-06	1,034.38	53.67	2.05
2005-06-07	1,030.94	77.99	-0.33
2005-06-08	1,115.58	199.37	8.21
2005-06-09	1,131.05	203.44	1.39
2005-06-10	1,108.29	140.43	-2.01
2005-06-13	1,106.29	92.89	-0.18
2005-06-14	1,093.46	89.82	-1.16
2005-06-15	1,072.84	75.60	-1.89
2005-06-16	1,086.01	71.75	1.23
2005-06-17	1,085.61	86.88	-0.04
2005-06-20	1,115.62	106.73	2.76
2005-06-21	1,101.49	76.08	-1.27
2005-06-22	1,102.03	61.10	0.05
2005-06-23	1,093.70	57.30	-0.76
2005-06-24	1,101.88	52.36	0.75
2005-06-27	1,124.64	109.39	2.07
2005-06-28	1,108.59	65.57	-1.43

資料來源：上海證券交易所。

從表 1-8 中可見，2005 年 5 月 30 日至 6 月 28 日滬市成交量的情況，在 6 月 2 日前一直維持在 43 億元左右，但在 6 月 2 日，股指下跌但成交量卻比上一個交易日放大了 21.1%。6 月 6 日，股指創下歷史的新低 998.23 點，但成交量比上一個交易日放大了 6.26 億元，增長 13.2%，而當天的股指上漲了 2.05%。如果這一天不能說明問題，我們再看一看 6 月 8 日的情況，就更為明顯。當日，大盤上漲了 8.21%，成交量增加到了 199.37 億元，比上一個交易日增加 121.38 億元，增長 1.56 倍。在 6 月 9 日，儘管大盤僅僅只上漲了 1.39%，但成交量放大到 203.44 億元。這充分表明機構已經開始介入，這是我們進場的大好時機。

滬市成交金額的變化與股指之間的關係（見表 1-9）：

表 1-9　滬市 2007 年 9 月 26 日至 10 月 31 日成交金額與股市漲跌表

日期	收盤指數	成交額（億元）	漲跌幅（%）
2007-09-26	5,338.52	1,065.20	—
2007-09-27	5,409.40	970.49	1.33
2007-09-28	5,552.30	1,409.04	2.64
2007-10-08	5,692.76	1,580.10	2.53
2007-10-09	5,715.89	1,637.79	0.41
2007-10-10	5,771.46	1,673.49	0.97
2007-10-11	5,913.23	1,795.99	2.46
2007-10-12	5,903.26	2,217.82	-0.17
2007-10-15	6,030.09	1,954.43	2.15
2007-10-16	6,092.06	1,670.38	1.03

表1-9(續)

日期	收盤指數	成交額（億元）	漲跌幅（%）
2007-10-17	6,036.28	1,363.98	-0.92
2007-10-18	5,825.28	1,336.80	-3.50
2007-10-19	5,818.05	1,050.44	-0.12
2007-10-22	5,667.33	971.79	-2.59
2007-10-23	5,773.39	1,028.30	1.87
2007-10-24	5,843.11	1,106.60	1.21
2007-10-25	5,562.39	1,220.89	-4.80
2007-10-26	5,589.63	889.94	0.49
2007-10-29	5,748.00	832.49	2.83
2007-10-30	5,897.19	919.12	2.60
2007-10-31	5,954.77	1,215.65	0.98

資料來源：上海證券交易所。

　　從表1-9中可見，2007年10月12日滬市成交量的情況，當日滬市指數微微跌了0.17%，但成交量卻創下了天量2,217.82億元，是明顯的量價背離現象。我們從該表中可以看出，自2007年9月28日以來，儘管指數漲得不多，但成交金額卻非常大，連續出現1,300億元以上的達到了10天，意味著十幾天成交金額在16,539.82億元。同時股指在創出新高以後，成交量卻急遽萎縮，這是非常不正常的情況。但這些情況卻沒有引起投資者的重視，而是樂在其中，盼望股市再創新高，但盼來的是拉鋸戰、陰跌、大跌和后來的暴跌、再暴跌，這是血的教訓，讓中國股民痛心疾首，用錢買來的股市悲劇，也許下次仍然要重演。

2008年9月9日，滬市創下了224.8億元地量，但在9月10日指數創下了2,102.9點的新低後，買盤介入，滬市儘管收盤僅僅只漲了4.98點，但是成交量卻出現了明顯放大的跡象，當天滬市成交285.05億元，比上一個交易日放大了60.25億元，增加26.8%。9月18日，滬市創下了近幾年來的新低1,802.3點，但成交量大幅度的放大，比9月9日增加了226億元，1倍以上。地量以後，地價出現在9月18日，許多股票打到跌停板上，但盤中出現異動，有的從跌停然后到漲停，有的出現翻紅，或微跌，大盤從跌120多點到僅僅只跌30多點，盤中異常明顯。9月19日，受三大利好的影響，股市高開高走，幾乎所有的股票出現漲停，成交量嚴重萎縮至431億元。9月22日，滬市出現了1,136.9億元的成交量，是最低成交量的5.06倍，與2005年6月最大成交量與最低成交量4.76倍有驚人相似。

　　自2007年10月至9月，滬市在5,000點、4,000點、3,000點、2,700點、2,000點經過充分換手，尤其是這數萬億元均為2,000～3,000點的「跳樓盤」，主力低位吸籌很充分，這便為連續的反攻提供了條件。也就是說從量價分析看，滬市在2,100點左右，經過反覆的震盪、洗盤和換手以後，正醞釀上漲的行情。

　　2008年9月12日，也就是中國傳統的中秋佳節的最后一個交易日，滬市成交量僅僅281億元，而中秋節后第一個交易日，機構們把減低貸款利率和下調中小金融機構的存款準備金率的利好當利空做，大幅度的殺銀行股，銀行股「清一色」的跌停。儘管大盤跌了4%以上，但從大盤開盤半個小時就達到了120億元以上看，最后成交量在338.21億元，比上一個交易日增加了57億元，增長了20.28%（見表1-10）。

表 1-10　　　　　　　　2008 年 9 月滬市成交量表

時間	上證綜合指數	漲幅（%）	成交金額（億元）
2008-09-05	2,202.45	-3.29	288.48
2008-09-08	2,143.42	-2.68	285.49
2008-09-09	2,145.78	0.11	224.81
2008-09-10	2,150.76	0.23	294.78
2008-09-11	2,078.98	-3.34	281.37
2008-09-12	2,079.67	0.03	234.11
2008-09-16	1,986.64	-4.47	350.02
2008-09-17	1,929.05	-2.9	329.85
2008-09-18	1,895.84	-1.72	541.20
2008-09-19	2,075.09	9.46	431
2008-09-22	2,236.41	7.77	1,136.9
2008-09-23	2,201.5	-1.56	800
2008-09-24	2,216.81	0.69	490.2
2008-09-25	2,297.50	3.64	867
2008-09-26	2,293.78	-0.31	666.3

資料來源：上海證券交易所。

　　2009 年 2 月 2 日至 6 日，深滬 A 股市場總成交額分別為 960.12 億元、1,498.2 億元、1,693.08 億元、1,859.42 億元、1,896.22 億元，出現牛年「三陽開泰」的良好局面，成交量急遽放大，滬市指數也衝上 2,180 點，是一個先行的指標，也許印證了「一月漲全年漲的預言」（見表 1-11）。

表 1-11　滬市 2009 年 4 月至 6 月部分成交金額與股市指數漲跌表

日期	收盤指數	成交額（億元）	漲跌幅（％）
2009-04-13	2,468	1,540	-0.48
2009-04-22	2,548	1,776	-0.41
2009-05-07	2,612	1,749	0.19
2009-05-11	2,646	1,723	-1.75
2009-06-04	2,778	1,795	-0.41
2009-06-05	2,753	1,540	-0.48
2009-06-09	2,787.89	1,336	0.71
2009-06-12	2,743.6	1,238	-1.91
2009-07-02	3,060	1,811	1.73
2009-07-03	3,088	1,774	0.92
2009-07-06	3,124	2,039	1.18
2009-07-15	3,188.55	2,176.48	1.38
2009-07-20	3,266.92	2,366.30	2.42
2009-07-29	3,266.43	2,969	-5
2009-08-04	3,471.44	2,511	0.26
2009-08-06	3,356	1,849	-2.85
2009-08-12	3,112	1,575	-4.66
2009-08-13	3,140	1,386	0.89
2009-08-14	3,046	1,463	-2.98

資料來源：上海證券交易所。

從表 1-11 可以看出，2009 年 5 月以來，市場已經非常活躍，成交量逐漸接近 2007 年 10 月的情況，需要引起重視。如果成交量大幅度萎

縮的話將是離開的機會。量為價先，成交量在 7 月 6 日創出 2,039 億元的新高，但指數在 7 月 6 日才創 3,128 點的新高。同時，從 6 月 29 日-7 月 10 日 10 個交易日累計成交量為 17,181 億元，超過了 2007 年 10 月高點附近的水平，特別是 7 月 29 日、8 月 12 日大陰線和 8 月 4 日創新高 3,478 點以後呈現量價背離，顯示大盤中期調整在所難免。如果成交量出現大幅度的萎縮，與 2007 年 10 月的大調整非常的相似的話，需要我們警惕。投資人應該採取風險防範、控製措施。

在股市剛下跌過程中，一定要賣出，而且不要輕易搶反彈，要樹立「不見鬼子不掛弦，不見底部不進場」的思路。因為底部的營造是漫長而痛苦的過程，在這個時候，你千萬不要買入股票。因為你不知道什麼時候是底部，去猜測何處是底，沒有意義，你需要做的是等待底部的到來。為什麼要這樣？因為在下跌過程中，你不知道什麼時候是底部的話，任何時候買入都要被套住。我們不要做沒有把握的事情，儘管你可能買不到最低點，但你卻免擔風險，少受「跌跌不休」的困擾。

面臨市場大幅度下跌，我們應該怎麼辦？事實上，巨大的財富往往是在股市大跌中才有機會賺到的，這是許多人做不到的。偉大的投資人要有在眾人恐慌時能果斷地買入股票，這就是一種能力的表現。在熊市中，「慢出手、穩投入」也許是最理想，也是最合理的方法。如，2008 年 10 月、2012 年 9~11 月，就應該貪婪。正如，巴菲特先生指出的那樣，當機遇來臨的時候，你要用大桶去接，而不是用小杯子去接。這裡最重要的是，要未雨綢繆，避免出現以下情況：一是思想上準備不足，二是沒有錢。當機遇來臨的時候，如果你看準了，可你沒有錢，那也是白忙活。當機遇來臨，你既要有思想上、戰略上的準備，還要有資金上

的準備，那麼你可以全力出擊，最好是選中目標，一股制勝。三是在市場處於狂熱和恐慌之間的時候，最好的投資策略是觀望，耐心地等待下一個機會。如果「大象」沒有出現，或者講大機遇沒有出現之前，你千萬不要上當，不要錯誤的判斷機會，在你出手之前，你千萬要冷靜，是否應該出手？如果你能控製好自己的情緒，說明你的內心是強大的，而非逞匹夫之勇。在機遇面前，我們不能錯過，比如，我們當學生時也許錯過了購福利房的機會，但你現在千萬不要錯過股市發財的夢想。

不要因為短期股價的漲跌來衡量投資的成敗，因為投資是長期的事情。

當下，做人難，做投資人更難。天下熙熙，皆為利來。有這麼一位男性股民，也許他就是中國大多數股民的縮影，他已經在股市上混了近20年，可以算得上是一位老股民了。他平時省吃儉用的錢，想炒房子嗎，錢又不夠，只有那麼一點點；想存銀行嗎，與通貨膨脹相比，存銀行也是個「虧」字。於是想來想去，他還是把錢投入到了股市，幾乎是傾其所有。2007年以來下跌的股市，他也從來沒有見過這樣的暴跌，股市沒有紅火幾天就陷入了無休止的暴跌。他買的雲南銅業已經跌了90%，股市的資金不斷地縮水，欲哭無淚，欲訴無門，無顏見父母和妻兒，他后悔得很：為什麼當初不賣呢？！

俗話講：人心不足蛇吞象，看著煮熟的鴨子飛啦。有的人對自己的行為進行了深刻的檢討，認為自己太貪、操作得太臭，自己都想抽自己兩個耳光，這樣的檢討是發自內心的。

2007年，因為投資人熱情高漲，中國股市上漲到相當高的水平，大部分的股票已經失去了投資價值，緊接著2008年市場暴跌，股指從

6,124點跌到了1,664點，跌幅超過70%。2009年，因為信貸膨脹，創業板和中小板股票的發行市盈率動輒在70、80倍，甚至上100倍，發行市盈率超過70，甚至100倍，相當於要70年，甚至100年才能收回投資，這樣又誕生了新一輪的泡沫。哪個時候，中小盤股已經漲到了相當高的水平，這個時候的投資人根本沒有考慮過參與的風險，成天的買來賣去。在投資人不知不覺中，股指也悄悄地從3,478點跌到2012年12月的1,949點。

儘管經歷了2008年、2012年的熊市，但仍然有部分股票受市場波動的影響很小。例如，山東黃金、中金黃金公司股票的持有人，只需要堅持自己的目標，完全可以忽略其價格的波動（見表1-12）。

表1-12　　2005—2012年大熊市中部分股票的表現

時間	中金黃金（后復權價格）	山東黃金（后復權價格）	上證綜合指數
2005-06-06	6.21	8.75	998
2008-10-28	35.44	85.67	1,664
2012-12-04	155.56	379.06	1,949
2005—2012年上漲（倍）	23	42	0.95
結論：經歷三次大的熊市，但上述股票卻不斷上漲，且指數底部不斷抬高。			

（四）集中持股或分散持股的原則

目前在股票投資領域，有兩種截然相反的兩個理論，一個是分散投資理論，該理論認為：不要把雞蛋放在一個籃子裡面，而是要分散投

資，將買入的股票分攤在不同的領域，以利於減少或分散風險。讚成這種理論的人比較多，是目前投資行業的主流。按照這樣的理論進行操作的人也非常多。但按照這種理論進行操作，賺大錢，或非常有名的人非常少。

另一種理論，就是巴菲特倡導的，實際上巴菲特是根據美國著名的喜劇作家馬克·吐溫所說的：要把所有的雞蛋放在一個籃子裡面，然後小心地看護好它。這種理論，在投資股票領域不被多數人認同，但依靠這種理論，巴菲特賺得盆滿鉢滿。巴菲特說：如果你懂得企業競爭優勢的話，那麼分散投資毫無意義（劉建位，《集中投資》，CCTV，2008年1月20日）。

有部分的投資者，喜歡將資金分成兩個部分，一部分做中長線，另一部分做短線操作。他們採取的辦法是通過低買高賣，做波段賺取差價，打得贏就打，打不贏就跑。當然，這樣的操作具有靈活性，有的投資者可能喜歡這種操作方式，對有的人則可能不適合，這需要自己判斷。

當然，任何一種方法，均有其局限性，最高境界的操作法則，是投資無定法，只有適應法。意思是沒有固定不變的操作辦法，只有適合自己操作，只要能賺錢就是大法，就是贏家法則。股市無專家，只有輸家，或贏家。那種死搬教條，不能適應市場的變化者，注定要被市場淘汰。

長期持有的公司源於我們對選擇的公司長期價值增長的信心，以及你對公司股價終究會迴歸價值的信心。股市最后的結果是：價值決定價格，價格最終要迴歸於價值。許多投資者也曾經買過大牛股，有的也曾

賺過錢。他們買過10倍股，卻沒有賺到10倍的錢，手裡拿到了100倍股，卻只賺了蠅頭小利，好的賺了1倍、2倍，不好的連這個數也沒有賺到。為什麼會出現這樣的情況，關鍵在於有的人根本就沒有見過賺這麼多的錢，他們賺了20%、30%、30%、40%，甚至1倍，就趕快跑掉，后來就沒有機會享受賺10倍、100倍的機會了。想想如果巴菲特如果買《華盛頓郵報》只賺了1倍、2倍就拋掉，沒有耐心持有34年的話，他不可能取得128倍的收益。巴菲特投資最完美的大手筆是買可口可樂，他在1989年投資可口可樂10億美元，過了7年，就是1996年，可口可樂上漲了9倍，到1997年，也就是到第8個年頭的時候，可口可樂已經上漲了12倍，他的投資收益從10億美元變成了120億美元。1999年當網絡科技股流行的時候，大盤大漲，可口可樂不但沒有漲反而有所下跌，儘管可口可樂遠遠落后於大盤，但他堅決持股不賣，過了4年可口可樂跌了一半，但他依然不賣。到2007年可口可樂的市值又回到了98億美元。他對可口可樂是漲也不賣，跌也不賣，就是人們所說的「到死了都不賣，至死不渝」的地步。巴菲特這種對股票長期持有不賣，靠的是決心、信心和耐心。

　　需要指出的是，在滬深股市上這樣的股票是非常少的，並不是所有的公司都是深萬科、格力電器，只有極其稀少的股票才值得你這樣做，大多數的公司尚不具備這樣的條件。尤其是新上市的股票，需要你擦亮眼睛去分辨，不要被蒙蔽。只有那些具有長期競爭優勢，未來前途一片光明、經過10年、20年仍然不落后，仍在發展、進步的公司，才稱得上是偉大的企業，這樣的公司股票才值得你長期的持有。巴菲特說：我窮其一生，用一輩子的時間都發現不了50個這樣的公司，最多也只有

幾個。一切的投資要根據價值來判斷，一旦超出了價值範圍，或公司的競爭優勢失去的話，要毫不留情地拋出股票。比如，1984年巴菲特開始買入美國大都會廣播公司的股票，1986年增持該公司的股票，他宣稱長期持有，到死都不賣該公司的股票。但是到了1996年，該公司被迪士尼公司收購，他觀察了1年，看到公司差強人意，於是毫不留情的賣掉了該公司的股票。可見，巴菲特並不是一個死板的人，一旦公司發展不理想，喪失或將要喪失競爭優勢的話，他會非常堅決的跑掉。因此，我們投資股票要堅持正確的投資策略，根據價值投資做出的投資決策，才是真正的價值投資。同時，必須注重安全邊際投資的原則，即在股票價格遠遠低於價值的時候買入，只有這樣才能保證你投資的本金的安全。也就是說無論股市發生什麼樣的變化，才能保證你獲得滿意的投資回報率。此外，要選擇合理的投資方法，慎重抉擇。只有那些一流行業、一流管理和一流業績的公司，才值得我們重倉買入，長期持有。在投資的過程中最重要的是，應選擇適合自己的操作方法，賺錢才是硬道理。同時，投資不要過於分散，應該把你的投資集中在少數幾只，你覺得最有把握的股票上。公司的基本面良好，就可以長期持有，一旦公司基本面發生變化，及時賣掉，「也不能一棵樹上吊死」。如果你找到了正確的方向，選擇了合適的方法，並把握住了適當的尺度，你就有可能取得投資的成功。我們不可能人人成為巴菲特，但是，我們可以向大師學習，避免少走彎路，減少失誤，走投資的成功之路，分享中國經濟崛起的成果。

（五）買股票要「三要三不要」：

一是要買波動率小的股票，不要買波動率大的股票：股市中相當多的人喜歡那些股票波動巨大的股票，相反不喜歡股票「死不溜秋」、長期不動的股票，而事實上買入長期波動率小的股票獲利比股票波動率高的股票獲利要大。具體情況見如表1-13所示：

表1-13　　　　　　部分波動率小的股票的表現

時間	2004-08-31 收盤	2006-09-29 最低	2006-12-29 收盤	2004年8月至2006年12月漲跌幅(%)	2013-06-14 收盤	2004—2013年最大漲跌幅(%)
上證綜合指數	1,342點	—	2,675點	99	2,162點	61
白雲山	4.69元/股	3.06元/股	3.35元/股	—	32.77元/股	971
時間	2005-04-29 收盤	2006-03-31 最低價	2006-10-31 收盤	2005—2006年漲跌幅(%)	2013-06-14 收盤價	2005—2013年最大漲跌幅(%)
上汽集團	4.1元/股	3.41元/股	5.37元/股	57.48	14.63元/股	212
時間	2011-08-31	2012-09-28 最低價	2012-09-28 收盤	2011年8月至2012年9月最大漲跌幅(%)	2013-02-28 最高價	2012年9月到2013年2月最大漲跌幅(%)
興業銀行	13.33元/股	11.59元/股	12.01元/股	-15.19	21.48元/股	85.33
時間	2010-06-30	2012-11-30 最低價	2013-03-29 最高價	2010年6月至2013年3月最大漲幅(%)	—	—
上海機場	11.89元/股	10.76元/股	13.80元/股	28	—	—

圖 1-2　2005 年 4 月—2006 年 10 月的月線圖

資料來源：搜狐財經網。

　　圖 1-2 為上汽集團 2005 年 4 月至 2006 年 10 月份的月線圖，從中可以看出在長達 1 年 6 個月的時間裡，投資者要找到一個合適的時候買入該股票是非常容易的。

　　買入長期不動的股票，或買入長期波動小的股票，從短期看，是沒有多少誘惑，也是好多人不願意做的事情，但從長期看收益看，遠遠超過大盤。買入波動小的股票，獲得的收益大的原因是，這類公司如潛龍在淵，不鳴則矣，一鳴驚人。如，上港集團在 2011 年以來，價格一直在 2.3~4 元之間波動，到 2013 年 9 月份從 2.7 元漲到了 6.62 元，漲幅 140%。（見圖 1-3）

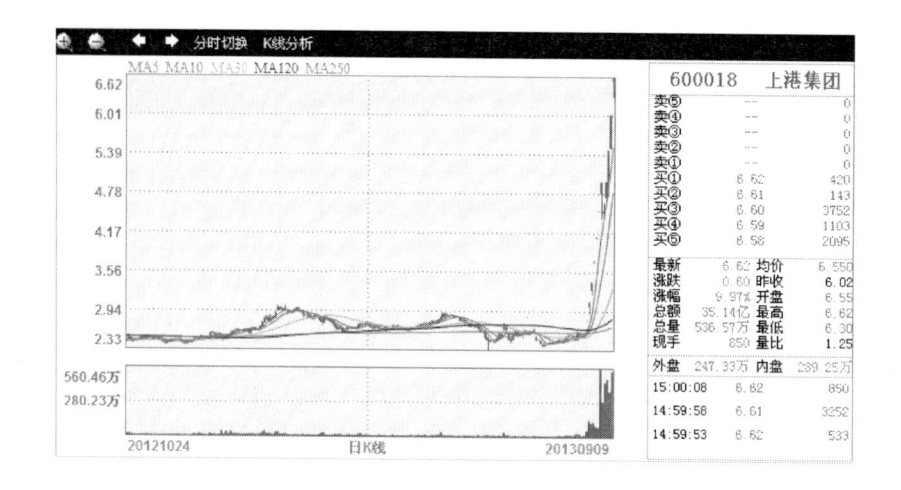

圖1-3　2011—2013年上港集團月線圖

資料來源：上海證券交易所。

　　許多人喜歡波動率大的股票，那是因為人性的弱點或缺陷所在，喜歡追漲殺跌，但這樣操作的最后結果一般都不太好。主要原因是，當大盤不好的時候，波動小的這類股票的跌幅也小於波動大的股票。而波動大的股票，由於短期受到太多的人和市場資金的關注，從而在短期內表現搶眼，導致其漲幅巨大，有相當多的時候，超過正常水平，但從長期看，這類股票的表現往往比波動小的股票差。

　　買入這類股票的特點是：公司要好，波動要少，價格要低，持有時間要長。

　　經過筆者的觀察發現，上海機場符合這樣的特點：從2010年6月30日到2013年6月14日，該股票在13.80~10.76元之間波動，波動幅度為28%。說實在的，類似這樣的公司還多，比如，曾經的山東黃金、中金黃金、五糧液、瀘州老窖和龍淨環保等公司，也曾經歷過長期

不漲，最后皆漲得歡的結局，值得投資者深思（見圖1-4）。

圖1-4　上海機場2009年3月至2013年6月走勢圖

資料來源：上海證券交易所。

目前許多投資人太注重短期市場回報，加之政策等方面的問題，傾向於短炒，只有極少有經驗的投資人或經過磨礪的人才能伴隨市場的成長而成長，投資者應看重公司的長期發展和股息的回報率。

投資人要注意的是，要用長期的收益或市場的價格來衡量是否投資成功。大多數情況下，價格低廉與收益密切相關。當然，如果股市下跌幅度很大，長期投資人的帳面價值也會減少，但不要過分恐懼，因為這樣的波動不能對長期的收益產生任何影響。投資人對待已經下跌很多的股票，如果你有錢的話，應該是好事，你可以從價格的波動中找到切入點，並獲得收益。

從中國看，長線投資，仍然可以獲得超級投資回報。如，劉元生持有萬科的股票，不論牛市，還是熊市，痴心不改，回報率達到320倍以上。

二是要買入成長性股票，不要買入業績平平的股票。股票的好壞，是由公司的成長性決定的，只有買入成長性股票，才可能獲得良好的收益。

三是要買入低市盈率的股票，不要買入虧損的股票。低市盈率的股票代表股票的安全邊際，而虧損的股票不是一般投資者能夠瞭解和把握的。

對聰明的股票投資者來講，要注意以下幾方面：

（1）不能買的股票。如，估值超過安全邊際的大盤股、小盤股、次新股，以及垃圾股和朝三暮四、主業不突出的股票。

（2）看不清的股票。如，對這個公司不瞭解，或瞭解不透澈，或超越自己能力範圍的股票，你最好不要碰。

（3）可以買的股票。如，最瞭解的、安全邊際高、行業前景好，最好是在任何環境、政策條件下都能夠賺錢的「傻子」公司。次新股，要在3～5年後，「是騾子是馬」，才能見分曉。

聰明的投資者要避免的是：

（1）朝令夕改、經常決斷。今天看到這只股票漲得好，就買這只股票，明天看見另外一只漲得歡，就換另外的一只。這樣做的結果是，多交手續費，收益並不高。

（2）受到周圍人群的影響，易被身邊人的意見所左右。從世界各國統計的情況看，靠道聽途說發財致富的案例少之又少。

（六）牛市的特徵及操作策略

一般來講，牛市分為三個階段，即初期、中期、末期。

牛市初期的特徵和操作策略

1. 牛市初期的特徵

（1）股民虧損嚴重、股市人氣渙散。大盤經過持續下跌、長期橫盤后，股指開始上漲，但參與股市投資的人不多，尤其是那些曾經在股市虧過錢的人，仍是心有余悸，膽小是典型特點。

（2）成交量經過異常低迷后，突然放大至最低量的50%，甚至成倍地放大。

（3）股指連續站在日線、周線、月線的上方。如，見2014年6、7月份上證綜合指數的情況（見圖1-5）。

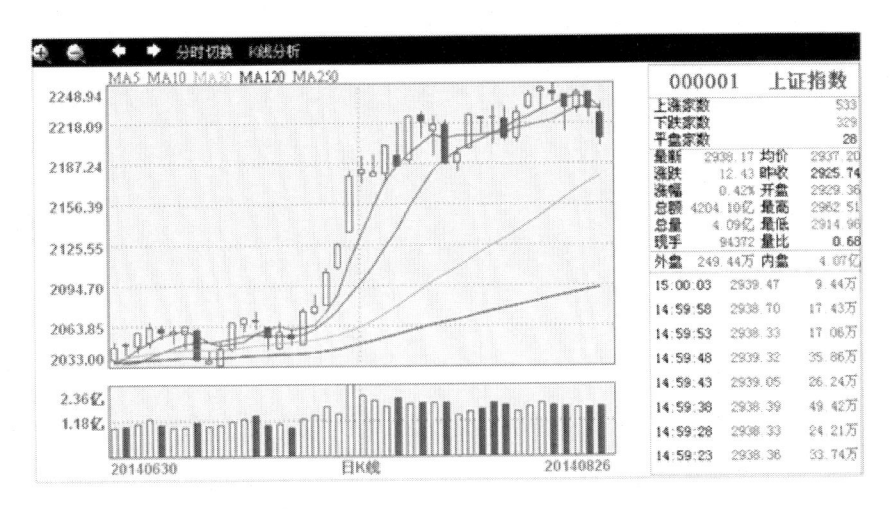

圖1-5　上證指數2014年6月至2014年8月周K線圖

資料來源：上海證券交易所。

（4）龍頭股開始上漲。保險股、銀行股、地產股、有色金屬股，券商股等的崛起，標誌著牛市已來臨。

（5）炒股的人不多，證券公司或單位中談股票的人很少。

（6）大部分人不相信股市牛市已經悄然來臨。

2. 牛市初期的操作策略

（1）買股。俗話講：做任何事情要趕早，關鍵在於這個「早」字，也就是說在股票市場絕大部分人，尤其是在股價跌到荒謬、老股民虧損累累，不願意談股的時候，你要「藝高人膽大」，拿出一腔熱情、激情，大膽地買入股票，哪怕在短期被套住，也要勇敢地出手。

（2）買什麼。俗話又講：千金難買牛回頭。對牛市初期出現的龍頭股的操作策略是：回頭就買，尤其是在經過短期大幅度下跌以後，緊緊抓住龍頭及其附屬個股。如，2014年這輪牛市啟動的龍頭股票是中信證券，而跟隨者有光大證券、廣發證券、東北證券、海通證券等。

（3）持股。在牛市的初期持有股票，幾乎任何股票均能夠上漲，板塊輪動的效應會逐漸顯現，持股的重點要放在券商、保險和銀行股身上。

牛市中期的特徵和操作策略

1. 牛市中期的特徵

（1）大盤繼續上漲；

（2）單位、證券公司以及社會上談論股票的人不斷增加，開戶的人也不斷增加，參與炒股的人越來越多；

（3）成交量不斷增加。

2. 牛市中期的操作策略

（1）繼續持股；

（2）結構性調整：找到並買入上漲滯後的潛力股；

（3）短期賣出那些漲得離譜的股票。

牛市末期的特徵及操作策略

1. 牛市末期的特徵

（1）任何買股票的人均賺錢，包括不懂股票的人也紛紛參與進來了，認為股市有賺不完的錢。

親戚、朋友、同事以及證券公司和街頭巷尾都在談論股票。

（2）幾乎所有的股票都已經上漲，而垃圾股出現暴漲。一是曾經虧錢的人也進來了，這時證券公司人滿為患，普通人也在街頭巷尾談論股票；二是股市投機盛行，買什麼都能賺錢，人們只談賺錢，不講風險；三是大量普通股票上市。如，2007年11月5日，中石油一開盤就上漲到了48.62元，比發行價16.7元上漲了291%。這個時期，大盤藍籌股普遍上漲，中國平安漲到了149.28元，中國人壽漲到了75.98元，連中國工商銀行、中國建設銀行都瘋狂漲到11.58元，中信證券漲到了117.89元，大秦鐵路漲到了28.45元。

（3）大盤上漲超過想像，整個市場沉浸在無窮的想像之中，有的人甚至不知道明天的錢怎麼花，暢想著未來的美好生活。然后，股市斷崖式下跌。如，2007年10月，大盤在高位拉出大陰線，破日線、周線、月線，並放出巨大的成交量。有時候，機構沒有出完貨，採取繼續拉高的做法，但目的就一個為出貨。又如，2009年，當上證指數漲到3,400點附近時，連續做了個雙頂（見圖1-6）。

图 1-6　上證指數 2008 年 10 月至 2011 年 12 月月 K 線圖

（4）大盤市盈率在 45 倍左右，個股的市盈率在 60~100 倍左右。

2. 牛市末期的操作策略

（1）賣出股票，不要買入，不要企圖賺最后的錢。否則，后果很嚴重。

（2）遠離股市，遠離市場，遠離與自己一起炒股的人。好好工作，好好陪伴家人，好好地去旅行。

（七）熊市特徵及操作策略

一般來講，熊市分為三個階段，即，初期、中期、末期。

熊市初期的特徵及操作策略

1. 熊市初期的特徵

（1）炒股、談股的人很多。

（2）大盤開始出現大幅度地下跌，但會出現反覆，讓賣出股票的人去追。

2. 熊市初期的操作策略

（1）大盤或個股跌破 10% 就賣出，落袋為安，寧願錯過，不要做錯。

（2）不要去向親戚、朋友、證券公司的人打聽股票，也不要聽取他們的意見。

（3）把資金分成若干個部分，主要是持有現金，或買國債也是最好的策略。

熊市中期的特徵及操作策略

1. 熊市中期的特徵

（1）大盤持續下跌，下跌的幅度可能超過 30% 左右。

（2）個股繼續下跌，賺錢的機會越來越少。

（3）炒股的人仍然不少，談論股票的人也在減少，但罵股市的人在增多。

2. 熊市中期的操作策略

（1）持有現金，不要看股票，也不要聽股票，不要買股票。

（2）繼續做好工作，繼續加強鍛煉，強身健體。

熊市末期的特徵及操作策略

1. 熊市末期的特徵

（1）跌幅很大，調整時間很長。從發達國家和中國股市幾次大熊市的情況看，大盤跌幅超過 50% 甚至 70%，而個股的跌幅將達到 50%～80%。如，上證綜合指數從 2007 年 6,124 點跌到 2009 年的 1,664 點，跌幅達到 72.8%；2010 年至 2014 年 6 月，上證綜合指數從 3,400 多點跌到了 1,849 點，跌幅達到 45.6%（見表 1-14）。

表 1-14　　　　　　　　主要國家或地區股市下跌情況表

國家或地區	股指最高的時間和點位		股指最低的時間和點位		經歷時間	下跌幅度（%）
中國上證綜合指數	2007 年 10 月 16 日	6,124.04	2008 年 10 月 28 日	1,664	1 年	72.81
中國上證綜合指數	2007 年 10 月 16 日	6,124.04	2014 年 6 月	1,949	5 年 8 個月	68.17
日經 225	1989 年 10 月	39,000	2009 年 3 月	8,109	20 年	78.7
臺灣加權指數	1990 年	12,000	2009 年 3 月	5,211	19 年	56.66
納斯達克	2000 年	4,900	2009 年 3 月	1,529	9 年	68.8

從大週期看，上證綜合指數經歷了從 2007 年 10 月到 2014 年 6 月，期間還有長達 5 年又 8 個月的熊市，可以說這次調整時間長，下跌幅度大（見圖 1-7）。

圖 1-7　上證綜合指數 2007 年 10 月至 2014 年 12 月月 K 線圖

資料來源：東方財富網。

（2）大盤經過大幅度下跌以後，找到了一個相對平衡點，但是股指不會馬上上漲，要經過持續的打壓、折磨、洗盤、吸籌的過程。又如，從 2013 年 6 月至 2014 年 7 月，從上證指數周 K 線可以看出，指數持續在 2,000 點附近反覆折騰，主力機構的目的很明顯：就是要讓普通的投資者覺得這個股市沒有希望，把他們的信心摧毀，於是繳械投降，對股市放棄希望，機構的目的就達到了（見圖 1-8）。

圖 1-8　上證指數 2013 年 6 月至 2014 年 7 月周 K 線圖

資料來源：搜狐財經。

（3）市場人心渙散，談論股市的人很少，關心股市的人更是寥寥無幾，甚至包括老股民也已經心灰意冷。

（4）市場熱點散亂，甚至是曇花一現。

（5）成交量稀少，甚至極度萎縮。

（6）市盈率、市淨率已經達到或接近最低水平。

2. 熊市末期的操作策略

（1）以無比巨大的熱情，關注股市、重視股市。

（2）觀察龍頭股票。

（3）準備足夠的現金，分批分倉、大幅度、盡可能多地買入股票，重點要放在龍頭股及相關的股票上，這個時候要把絕大部分現金全部轉化為股票，當然也應留有餘地，以應對不時之需。

（八）進取、穩健和保守型投資者的選擇

進取型投資者選擇的股票：一是證券類公司，包括中信證券、光大證券等。但選這類公司要注意避免選擇雷曼兄弟公司那樣的情況，尤其是那些做高槓桿率、內部控製、風險防控不力的公司。二是有色金屬類公司，包括山東黃金等。三是醫藥類公司，包括雲南白藥等公司的股票。四是創新型、互聯網類科技公司的股票，如，蘋果、阿里巴巴等股票。

穩健型投資者選擇的股票：一是公用事業型股票，如上海機場、長江電力、大秦鐵路，以及高速公路中業績優良的股票。二是成長性良好的銀行，如興業銀行、浦發銀行等。

保守型投資者選擇的股票：一是指數型基金，包括上證50、滬深300指數型基金。二是買國債。三是買金條，尤其是在經過大幅度下跌以後，可到中國黃金集團公司買回購型的金條。

（九）成長性股票的標準

一是淨資產收益率連續10年超過20%以上；

二是具有股本擴張的能力；

三是這樣的公司在同行業中居於領先地位，且受到經濟週期性影

響小。

當然，需要指出的是，市場上成長性的公司並不多，不是說你買的公司，都能夠抵禦市場的下跌，而只有那些能夠穿越歷史的公司方能這樣。因此，你抉擇之前，要慎思、慎買，不可盲目，畢竟類似美國雅培醫療保健公司、深萬科這樣的公司少之又少，需要你擦亮眼睛，才能慧眼識寶（見表1-15）。

表 1-15　　　　　　　從劉元生持有萬科看股票投資

時間	劉元生持股（萬股）	價格（元）	市值（億元）	上證綜合指數最高點或最低點
2013-02-06	13,379.10	12.16	16.26	2,400
2012-12-31	13,379.10	10.12	13.54	—
2012-12-7	13,379.10	9.2	12.30	2012年12月4日上證綜合指數1,949.46點
2012-7-13	13,379.10	9.86	13.19	—
2012-3-31	13,379.10	8.20	10.95	—
2011-12-31	13,379.10	7.47	9.99	—
2011-9-30	13,379.10	—	—	—
2011-6-30	13,379.10	—	—	—
2011-3-31	13,379.10	—	—	—
2010-12-31	13,379.10	8.22	10.99	
2010-9-30	13,379.10	—	—	
2010-6-30	13,379.10	—	—	
2010-3-31	13,379.10	—	—	
2009-12-31	13,379.10	10.81	14.46	
2009-9-30	13,379.1	—	—	
2009-6-30	13,379.10	—	—	2009年8月4日上證綜合指數3,478.01點

表1-15（續）

時間	劉元生持股（萬股）	價格（元）	市值（億元）	上證綜合指數最高點或最低點
2009-3-31	13,379.10	—	—	—
2008-12-31	13,379.10	6.45	8.63	—
2008-9-30	13,379.10		8.73	2008年10月28日上證綜合指數1,664.93點
2008-6-30	13,379.1	—	—	—
2008-3-31	8,251.07	—	—	—
2007-12-31	8,259.70	28.84	23.82	—
2007-11-30	8,259.70	31.55	26.06	—
2007-9-30	8,259.70	30.20	24.94	2007年10月16日上證綜合指數6,124.04點
2007-6-30	8,247.38	—	—	—
2007-3-31	5,831.59	—	—	—
2006-12-31	5,844.63	15.44	9.02	2005年6月6日上證綜合指數998.23點
1995-12-31	767.00	—	—	—
1993-12-31	504.39	—	—	1994年7月29日上證綜合指數325.89點
1991-1-29	劉元生在1991年投入400萬元買入深萬科股票，加上配股和獲得的送股，至今共計持有超過1.33億股，其中經歷了1994年、2006年、2008年、2012年的熊市和2007年的大牛市，但劉元生堅持持股不動，表明其看好公司的未來，也看好公司的管理者。2013年年初其持股市值超過16億元，投資回報超過300倍			

1988年12月，萬科發行股票的時候，幾乎沒有人要，為此王石到處推銷，可就沒有人買，於是他想到了自己的朋友，一個香港商人劉元生，叫他幫忙。劉元生覺得王石這個人是個有想法的人，相信他沒錯，就買入了360萬股。隨著深萬科公司股票不斷地送股、配股，加上他增持的部分，到2013年2月，劉元生已經持有萬科的股票13,379.12萬股，市值也超過16億元，號稱「最牛的散戶」，增長幅度達到了841.5倍，這就是價值投資的魅力。

選擇好誠信、未來發展前景良好的成長性公司，是從事股票投資的基礎。堅持中長期投資策略，是化解市場短期波動風險、獲取投資收益的關鍵。

（十）安全投資的標準

一是股息率超過1年期定期存款利率。

二是這樣的公司具有高壁壘，具有很深的「護城河」，就是巴菲特先生所說的傻子都能夠經營的公司，壟斷、獨占是這種公司的顯著特點。

三是公司經營業績受到宏觀經濟政策的影響小。

四是買指數型基金。根據星辰公司的研究，截至2012年11月底，投資者流入ETF基金的資金總額達到1,540億美元，是2008年以來的最大規模。2012年投資大型成長型股票的ETF基金當年的收益率為16.4%，超過大型成長型股票的共同基金的收益率。買入指數型基金具有收費低的優點，而且收益隨著指數的上漲而獲得收益，具有較為明確的指向性，投資人容易判斷。

投資人買了股票害怕股票下跌，而股神巴菲特買了股票以後，希望股票下跌，很多人不理解，為什麼？難道股神希望自己虧損嗎？不是這樣，股神的意思是儘管股票跌了，他的錢就可以買更多的股票，他從來就沒有想過要通過賺差價來賺錢。巴菲特認為：只要公司價值在增長，從短期看股市是臺投票機，但從長期看股市是臺稱重機，長期能夠稱出公司的內在價值。人們知道最大的奇跡是什麼？是複利。

投資者需要銘記的是「雞生蛋，蛋生雞，錢生錢，錢能夠生更多錢」的道理。巴菲特之所以能夠擁有今天如此多的財富，成為世界第一大富翁，關鍵在於「複利」二字。劉建位先生在2007年央視理財教室中講述巴菲特的投資技巧時說：「巴菲特在很早的時候，就知道複利的

力量，他投資了52年，財富的雪球越滾越大，這個雪球已經有52層，每層比上年增長了22%，52年翻了多少倍呢？巴菲特把1萬美元變成了3,600萬美元，增長了3,600倍。可能大家對複利並沒有充分的認識。我們可以做一個簡單的游戲：拿一張白紙進行連續折疊，一張白紙的厚度是0.1毫米，1萬張白紙有1米高，那麼我們把白紙連續折疊52次以後，它的高度是多少呢？有人會說：比一個冰箱高，有人會說比一座大樓高，有人會說比一幢摩天大樓高，有人會說可以繞地球一圈。事實上這些說法都不對。一張白紙連續折疊52次以後，它的高度將達上萬億千米。」因此，要知道複利神奇的力量，去選擇非常優秀的公司，儘管這樣的公司每年的增長率，比其他的公司高不了多少個百分點，但由於長期複利的作用，長期投資這樣的公司其收益與投資其他一般的公司相比會有巨大的差異。

這類長線投資者，持有股票一般在一年以上，在成熟的股市中表現突出，典型代表就是巴菲特。比如，巴菲特從1973年買入《華盛頓郵報》的股票，一買就持有30年，到2004年他在該公司的股票上獲利160倍。同樣，他在1989年、1990年買入美國富國銀行的股票，到2004年一直持有，經過14年、15年，獲利6倍以上。可見，這就是長期持有的魅力。當然，長線投資者並不是不賣股票，當公司由好變差的時候，股神也要賣出股票。比如，巴菲特曾經宣布永久持有某股票，但在其基本面不好的時候，也賣出了該股票。因此，長線投資也僅僅是個相對的概念，不是絕對的概念，從美國的情況看，美國人持有基金的時間一般在5年以上。從投資獲利情況看，大多數是通過公司的成長，股價上升獲得不錯的收益，也有少部分「現金奶牛」型的公司，比如，佛山照明，這個公司16年來分紅達到21億元，公司每年分紅的比例高

達65%，投資該公司的收益遠遠高於銀行存款的利息收入。

(十一) 投資的時機

如何面對下跌？股票是公司未來收益的有價憑證，既然是這樣，股票與如何投資產品一樣具有風險。其中，市場下跌是投資人面臨的最大挑戰或風險。如何面對下跌，也是投資人必須要面對的問題，不能正確面對股市下跌，就不能正確面對財富。對待短期的下跌，投資人不要被浮雲遮住雙眼，要有「近看驚濤駭浪，遠看波瀾不驚」的境界。

投資者為什麼怕下跌？一是因為自己買在「高高的山崗」上，短時間不可能解套，二是已經跌怕了，三是又沒有錢再買入，於是，對下跌非常恐懼。

我們看著名的投資家是如何面對股市的下跌的。巴菲特在伯克希爾公司股東手冊中如此闡述他的投資原則：「總體而言，伯克希爾和它的長期股東們從不斷下跌的股票市場價格中獲得更大的利益，這就像一個老饕從不斷下跌的食品價格中得到更多實惠一樣。所以，當市場狂跌時，我們應該有這種老饕的心態，既不恐慌，也不沮喪。對伯克希爾來說，市場下跌反而是重大利好消息。」[1]

聰明人面對下跌，正確的做法是：不怕跌，跌不怕。具體的思路是，積極尋找好的投資目標，選擇時機買入。操作方法是，選擇在下跌最厲害的時候，或者在機構挖坑的時候，越跌越買。

投資的要訣是要善於識別主力操作股票的方法，選擇合適的進場時機。

---

[1] 劉建位. 巴菲特歡呼下跌 歡迎下跌 利用下跌 [J]. 第一財經日報, 2012-12-01.

一是在機構短期洗盤拉抬時買入。如，長方照明的主力就是採用這樣的操作手法。第一，短期拉抬。長方照明在 2012 年 10 月前進行了高送轉的分配方案，在 10 月初進行了一輪炒作，最高達到 11 元附近，復權價格達到 28 元左右，換手率也達到 30% 左右。第二，挖坑埋人。2012 年 10 月中旬以後，該股票就一直下跌，12 月份最低跌到 5.73 元才止步。這個時候，大盤漲它不漲，大盤跌它比誰都跌得厲害。三是拉抬階段。經過近兩個月的洗盤以後，該股於 2012 年 12 月底開始發力。

回頭看，主力的操作手法老到，當你以為高送轉的股票要炒作的時候，就順勢拉一輪，如果你期望更高的時候，你就要失望。因為，主力就在此時開始打壓、挖坑，一直下跌。當你失望賣出的時候，主力開始拉抬，完成新一輪的炒作（見圖 1-9）。

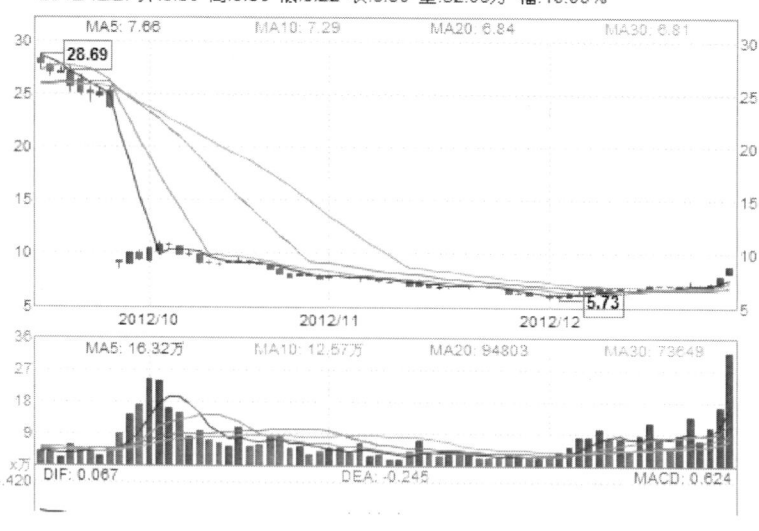

圖 1-9　長方照明 2012 年 10 月至 12 月走勢圖

資料來源：新浪財經網。

二是在機構連續挖坑中買入。如，恒邦股份於 2012 年進行了利潤分紅，其中採取了 10 送 10 的分配方案。按理這樣的股票應該要炒，但是，在大盤不好的情況下，主力機構在 2012 年 1 月至 7 月 1 日以前，實行平臺操作，價格維持在 34～41 元之間波動；7 月 2 日，該股票除權，機構並沒有拉抬，而是採取打壓股價的做法。連續 10 周后，股價開始拉升，持續時間為 3 周。就在投資者以為要拉的時候，主力繼續打壓股票價格，時間長達 9 周。然后，開始拉升股價，到 2013 年 1 月 18 日，該股的價格已經漲到 23.68 元，復權到拉平臺的價格相當於 47～48 元，漲了 10 元左右，漲幅超過 27%，而大盤僅僅漲了 18%。底部出現的標誌往往是被機構砸出來的，是要放量的，只要看見長期被打壓的股票，一旦放量上漲，收益可觀。主力機構採取連續挖坑的操作手法，讓大多數參與的人最后都沒有賺到錢。(見圖 1-10)

圖 1-10　恆邦股份 2011 年 10 月至 2012 年 12 月走勢圖

資料來源：新浪財經網。

對待連續挖坑的正確做法是：尋找好投資的股票，在辨明主力挖坑的階段，採取越跌越買的手法，主力打壓得越凶，買入越多，這才是投資之道。最怕的是，在主力打壓時被嚇住，拋出股票。如果是這樣的話，你的操作方法正好與主力想法相反，從而掉入陷阱。

三是在機構長期洗盤拉抬中買入。如，興業銀行主力的操作手法（見圖 1-11）。

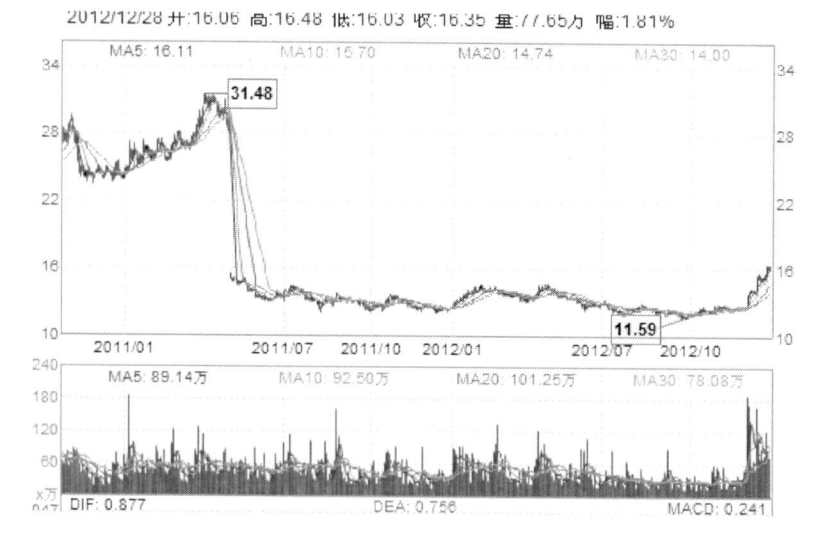

圖 1-11　興業銀行 2011 年 1 月至 2012 年 10 月走勢圖

資料來源：新浪財經網。

長期打壓收集籌碼。該股從 2011 年 10 股送 8 股以後，隨大盤下跌，持續下跌，一直在 12~14 元附近徘徊，洗盤的時間長達近 2 年，也給投資者提供了介入的時機。在這個過程之中，利用消息面配合主力洗盤，其一是經濟不景氣，其二是地方融資平臺公司影響，其三是公司以 12.9

元的配股，市場營造銀行業績下滑，股價下跌的假象，散戶們紛紛不喜歡這樣的大盤股，但機構抓住了散戶的命門，拼命地打壓吸籌。

迅速拉抬。到 2012 年 12 月 4 日，當大盤創 1,949 點新低的時候，該股已經悄悄地上漲到 13 元以上，到 2013 年 1 月 29 日該股已經達到 20 元以上，復權價格超過 36 元，已經是大盤 3,000 點的價格。

仔細分析主力機構為什麼願意買入興業銀行，最重要的是看重其價格被嚴重低估，這類股票長期不被散戶關注，屬於典型的物極必反的投資產品。根據興業銀行 2012 年 9 月 4 日 12.12 元收盤價格，按照 2012 年每股盈利 3.24 元計算，市盈率 4 倍左右，與國際上銀行 11 倍市盈率比較，仍有很大的空間。

2012 年，筆者跟同事、朋友皆介紹過興業銀行。有的買了，現在仍然持有；但更多的人，認為興業銀行盤子大，不喜歡；也有的，買了，僅僅只賺了一點小錢；更多的是沒有耐性，虧損出局，沒有等其漲到 20 元以上。這印證了堅持價值投資，你就能賺錢——這就是投資的精髓。

反思為什麼散戶不喜歡大盤股，根本原因在於被機構洗腦。機構通過電視、報紙等媒體告訴你，銀行股不好，一是盤子大，機構不喜歡，二是地方融資平臺影響也大，未來不良貸款會大幅度增加，三是銀行在經濟下行期間，業績也面臨下滑，等等。在 2007 年股民曾經被忽悠一次后，藍籌股就被冷落了 5 年，散戶覺得機構也不喜歡藍籌股了，於是乎紛紛拋棄。在 2009 年，機構掀起了小盤股制勝的游戲，等到廣大的散戶接受了小盤股的觀念之后，機構又重新掀起了大盤股的游戲，成就

了藍籌股的神話。這就是「風水輪流轉，財神到我家」。

2013年1月22日，根據公布投資基金的投資組合，2012年第4季度，基金增持的前五大重倉股集中於興業銀行、浦發銀行、民生銀行、招商銀行，其中有218家基金公司持有興業銀行，增持3.14億股，成為機構增倉的重倉股之一，也難怪該股出現一輪大漲。因此，筆者的結論是，凡是被低估的品種，遲早要被修正，回到正常的價值軌道，投資人買入被低估的股票才是賺錢之道（見圖1-12）。

序號	股票代碼	股票簡稱	相關鏈接	持有基金家數(家)	持股總數(萬股)	持股市值(億元)	持股變化	持股變動數值(萬股)	持股變動比例(%)
1	601166	興業銀行	詳細 股吧 檔案	218	139046.91	232.07	增倉	31394.81	29.16
2	600016	民生銀行	詳細 股吧 檔案	174	263138.72	206.83	增倉	29953.57	12.85
3	600030	中信證券	詳細 股吧 檔案	160	89004.90	118.91	增倉	2187.01	2.52
4	600036	招商銀行	詳細 股吧 檔案	154	143218.02	196.92	增倉	9565.27	7.16
5	600000	浦發銀行	詳細 股吧 檔案	143	143610.80	142.46	增倉	37509.10	35.35
6	601601	中國太保	詳細 股吧 檔案	99	39280.05	88.38	增倉	1430.53	3.78
7	500104	上汽集團	詳細 股吧 檔案	92	43836.33	77.33	增倉	9369.93	27.19
8	601088	中國神華	詳細 股吧 檔案	88	24603.69	62.37	增倉	3089.37	14.36
9	000024	招商地產	詳細 股吧 檔案	86	26078.83	77.95	增倉	2906.24	12.54
10	000069	華僑城A	詳細 股吧 檔案	82	89276.56	66.96	增倉	35404.60	65.72

圖1-12　2012年四季度機構增持的10大重倉股

資料來源：東方財富網。

對待這樣的股票的正確操作手法是：樹立安全邊際的原則，在價值被低估的時候，買入並長期持有，就相當於你投資了一家銀行，只是讓別人來經營管理，你只管享受未來的收益。

四是在機構長期拉抬中，買入。通過華潤三九的走勢可以看出主力操作的思路（見圖1-13）。

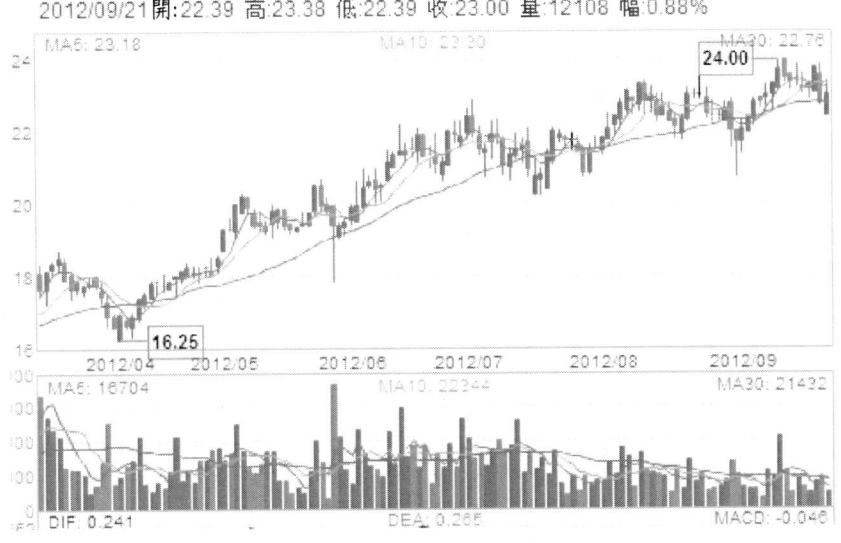

圖 1-13　2012 年 4 月至 9 月 21 日華潤三九股價走勢圖

資料來源：新浪財經。

單獨看華潤三九的日線走勢，你根本看不出 2012 年股市處於熊市之中。從 2012 年第一季度末到 9 月 21 日，上證綜合指數下跌了 10.43%，而同期華潤三九等基金重倉股漲幅超過 25%，遠遠跑贏大盤 35 個百分點。也就是說你在上升途中的任何時候買入都是正確的，與大盤的漲跌幾乎沒有關係（見圖 1-14）。

五是「一股致富」。投資人要樹立「一股致富」的思想，建立和完善監測機制，重點對這些股票進行日常的跟蹤監控，耐心等待其大幅度回落，等待時機，緊緊地把這樣的重點公司抓在手上。筆者有個好朋友，曾經在 2009 年 4 月，採取「一股致富」的方法買入中金黃金，到 2009 年 7 月全部賣出，經過幾輪波段操作，每股獲利在 100 元以上。

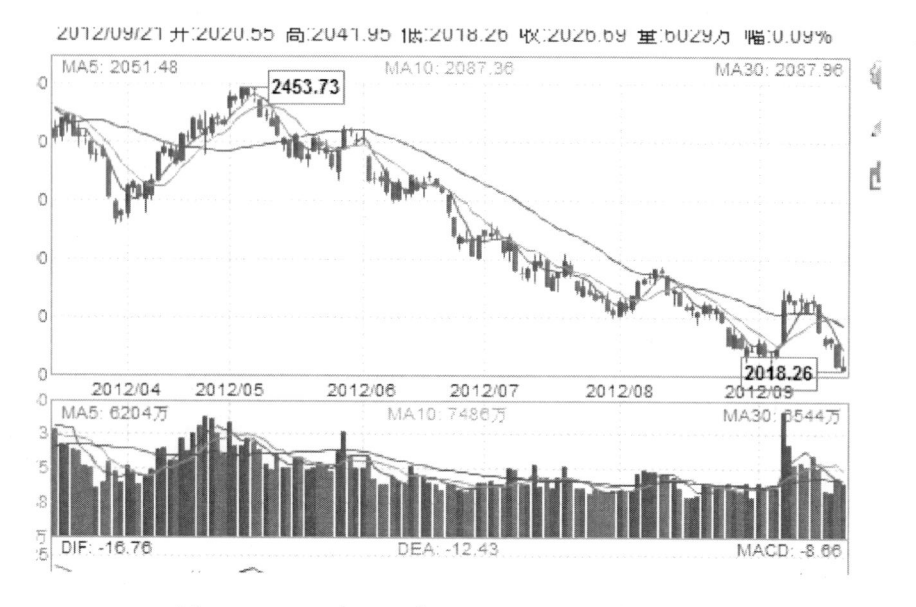

圖 1-14　2012 年 3 月末至 9 月 21 日上證指數走勢圖

資料來源：新浪財經。

「一股致富」的關鍵是要尋找到非常好的公司，以低廉的價格買入，長期持有，堅持風險控製措施，牢固守住底線，堅持、堅持、再堅持，只有這樣才能笑傲股海。

六是機構在高位派發。比如，東方日升在 2010—2011 年期間，尤其是在創業板火爆的時候上市，最高曾經達到了 81.99 元/每股。到 2013 年 3 月 1 日收盤，該股票收在 5.30 元/每股。這個股票持續下跌的時間之長，套牢的散戶之多，非常罕見（見圖 1-15）。

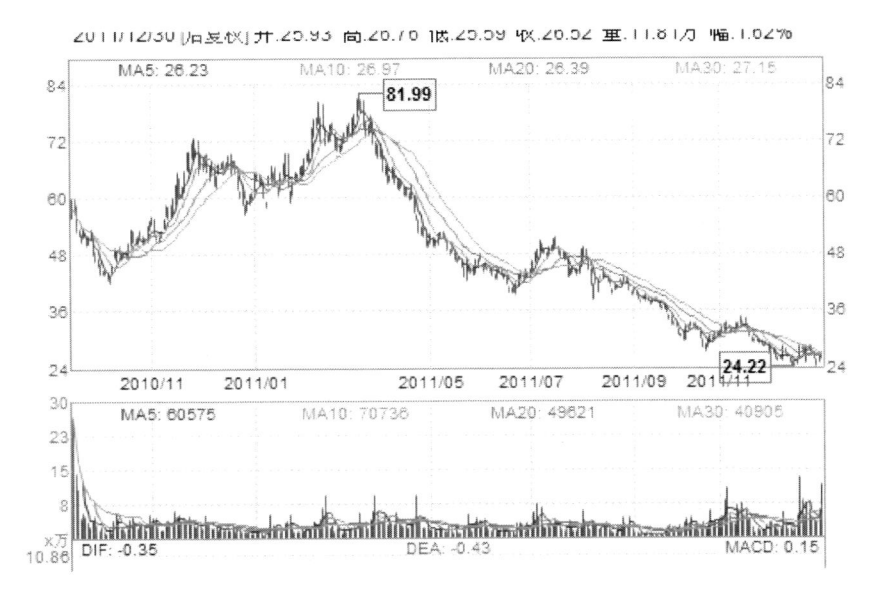

圖 1-15　東方日升 2010 年 11 月至 2011 年 11 月走勢圖

資料來源：新浪財經。

第二章

未來易出現大牛股的行業

SMART STOCK
MARKET INVESTORS

俗話講：「男怕入錯行，女怕嫁錯郎。」投資股票最怕選錯行業、選錯股票。

從未來看，中國實體經濟更多地向直接融資發展。

從實際看，在滬深幾千只股票中，真正值得筆者關注的不超過 20 只，而值得投資者拿錢買的股票不會超過 10 只。

筆者對 2003 年 8 月 28 日或上市首日至 2013 年 3 月 21 日一些重點股票的收盤價進行了統計分析，情況如表 2-1 所示：

表 2-1　　　　對一些重點股票的收盤價分析統計　　　　單位：元

公司	行業	2003 年 8 月 28 日或上市首日收盤價(復權)	2013 年 2 月 21 日收盤價（復權）	漲幅倍	排名
山東黃金	有色	10.71	377.55	34.25	1
貴州茅臺	食品	26.90	898.27	32.39	2
格力電器	家電	65.50	1,741.99	25.60	3
三一重工	機械	23.68	478.32	19.20	4
中聯重科	機械	27.53	516.71	17.77	5
中金黃金	有色	9.44	161.98	16.16	6
華蘭生物	醫藥	20.90	319.19	14.27	7
深萬科	地產	112.00	1,207.70	9.78	8
中信證券	金融	7.48	66.23	7.85	9
浦發銀行	金融	15.65	70.57	4.50	10

從上述抽樣調查的情況看，近 10 年來，中國股市中漲幅大的行業大概是有色、食品、家電、機械、醫藥等行業的股票，體現了中國經濟以製造業和房地產投資拉動為引擎這樣的一種經濟增長的特點。從未來

看，中國缺什麼，什麼就會漲。我想黃金中國很缺乏，證券、保險、高端服務業、消費行業（知名、放心、安全、食品企業）、醫藥行業也很需要，這類股票仍然值得期待，也許在這些行業會出現上漲超過10倍甚至100倍的股票。

以下行業值得投資人注意：一是產能過剩的行業，比如，光伏行業、鋼鐵行業、造船業等，短期看，不值得投資者關注。二是白酒類行業，逢年過節、朋友聚會，喝點酒助興，活躍氣氛，無可厚非。但我始終對此抱著謹慎的原則，原因是，如果一個人長期喝白酒，對身體有害無益。如果你喝的酒是用酒精勾兌的，那更不好。如果人們意識到這一點，可能會改變消費的習慣，進而影響到公司的業績，對此我始終不敢冒險投資這類行業。同時，在厲行節約的背景下，公款對高檔酒消費減少這是必然的趨勢，也許這類公司的黃金時期已經走完，這一點應引起投資者的注意。

從發達國家和中國過去20年的情況看，公司所處的行業占了絕對因素，大牛股往往出現在貴金屬、醫療、消費品、證券、保險和科技行業。

一是貴金屬行業。黃金是世界稀缺的商品，是好的行業。因為，說一千，道一萬，貨幣發行不受限制，而世界上的黃金大多數已經開採完畢，僅僅只有少數部分沒有開採出來，況且黃金不是貨幣，不是想印多少就可以印多少，具備穩定性、安全性的特徵。從長期看，黃金將是抵禦貨幣超發、通貨膨脹的最好手段。也就是說，黃金是你抵禦投資風險的最后屏障。

二是醫療行業。與人生命相關的行業，那就是醫藥行業，這是最具

潛力的行業。

三是消費品行業。消費行業與人民的工作、生活息息相關，該行業將在整個國民經濟發展中起主要的推動力的作用，未來國內生產總值50%以上將由消費及服務行業貢獻。在食品行業中，投資者要避開昧著良心、生產有毒食品公司的股票。

四是銀行、證券、保險行業。在銀行、證券、保險行業中，投資者總能找到成長性超過20%甚至30%的企業。從行業細分角度看，銀行業的利潤將會收窄，而券商、保險行業將享受直接融資大幅度增長帶來的超額收益。對此，投資者要有深刻地認識。

五是科技行業。科技是第一生產力，掌握了核心技術的科技企業，是大牛股的搖籃。科技企業中往往誕生超級大牛股，如阿里巴巴。

因此，投資者應該把主要的精力放在研究服務行業的公司上，特別是這類行業的龍頭企業、具有持續核心競爭力的企業。

二、貴金屬

貴金屬很多，以下重點討論黃金：

從國家角度看，黃金是國家實力的象徵，擁有黃金的國家說話底氣才足。

從歷史看，黃金的成色不會變，黃金的量也不會增加太大，購買黃金不僅具有戰略考慮，而且黃金是壓箱底的投資。從美聯儲在2008年金融危機中從未賣出1盎司黃金，可以看出黃金的重要性，這涉及一個

國家主權貨幣的穩定。

自呂底亞人首先使用黃金以來，人類賦予了黃金特殊的地位，黃金也曾主導貨幣體系上千年。我們有理由相信，未來黃金在貨幣體系建設中仍占據非常重要的地位。

1944 年的美國依靠黃金儲備的優勢，主導了世界貨幣體系，成就了美元成為世界貨幣的霸主地位。

黃金會上漲，源於貨幣超發。

1971 年，當美國貨幣超發，不能實現 35 美元兌換 1 盎司黃金的承諾時，尼克松總統廢除了布雷頓森林體系，宣布美元不再與黃金掛勾。從此，黃金價格成為脫韁的野馬，馳騁在世界金融市場上。1972 年，黃金漲到 64 美元/盎司；1973 年，漲到 100 美元/盎司；到 1980 年 1 月，由於貨幣超發，導致通貨膨脹，黃金價格上漲到了 850 美元/盎司，比 1945 年上漲了 24.28 倍。

按照牛市路線圖看，黃金公司股票將會有非常出色的表現，唯一可以做的是要學會忍耐、堅持、等待融資融券、股指期貨和股價的大漲，然后慢慢派發。

馬克思說，貨幣天然不是黃金，但黃金天然就是貨幣。在資源為王的時代，也許未來黃金類股票將是所有股票中漲幅最值得期待的。主要基於如下理由：

1. 充裕的流動性

不論是在歐盟，還是在美國，不論是在日本，還是在英國，當下的世界，沒有任何時候像今天這樣，人類正在經歷貨幣嚴重貶值的時代，反正筆者堅信貨幣超發了「遲早要還的」。

（1）美聯儲實行量化寬鬆貨幣政策。在全球貨幣政策中，美聯儲貨幣政策最為重要，在全球具有導向作用，因為美國仍然是世界經濟的老大，美聯儲將「一切可能的工具來促使經濟復甦和確保價格穩定」、「2015年將基準利率維持在歷史最低點0~0.25%區間不變」，表明了美聯儲實行寬鬆的貨幣政策。美聯儲零利率，加之購買開放式資產計劃，進一步打壓美元，推動了黃金的需求。

2013—2014年黃金受到打壓，主要的原因是美聯儲不願意看到中國與周邊國家，甚至英國等國家簽訂人民幣互換或直接兌換協議，進而危急美元的地位而採取的措施。

美聯儲加息對黃金市場的短期影響是重大的，但從長期來看，美聯儲實際利率的上升並不是黃金價格下跌的必然因素[1]。2001年末至2007年9月，美聯儲利率從2%上升到了5.25%，實際利率也在上升，但6年間，國際金價卻從280美元/盎司漲到了800美元/盎司。

在經濟下行中，以美國、歐盟、英國和日本等全球主要市場經濟國家，紛紛向市場注入過多的流動性。美元已經成為美國進行一場沒有硝菸的戰爭武器，發行過多的美元，是美國當前的一項國家戰略，目的非常明確，就是要使美元貶值。美元的大幅度貶值，使美元泛濫成災。進一步演變，將使持有美元資產集中的中國、日本等亞洲國家遭受重大損失，不得不為其金融危機買單，使包括中國在內的這些國家遭受重大資產損失，進一步造成全球大宗商品大幅度上漲。

失去了黃金作為參照的主權貨幣制度，又有誰來限制其貨幣的發

---

[1] 肖磊. 美聯儲對黃金的壓制會持續但不長久［J］. 鳳凰黃金，2013（5）.

行？在流動性日益增加，通貨膨脹下，貨幣貶值是長期的趨勢。從人類可以掌握的智慧看，除了黃金以外，沒有什麼可以對抗貨幣貶值。

「歐元之父」蒙代爾預言：「21世紀，黃金將在國際貨幣體系中重新扮演重要角色。當美元、歐元及日元全出問題時，黃金將在混亂局面中，扮演最后屏障。」①

在實物黃金和黃金股中選擇的話，買入黃金股的勝算要大得多，尤其是在牛市的初期買入，收穫會很大。根據統計，2001—2006年的5年間，黃金上升了92%，HUI金蟲指數更飆升了驚人的648%，換句話說，當時投資礦業股的回報比實物貴金屬多出7倍（見圖2-1）。

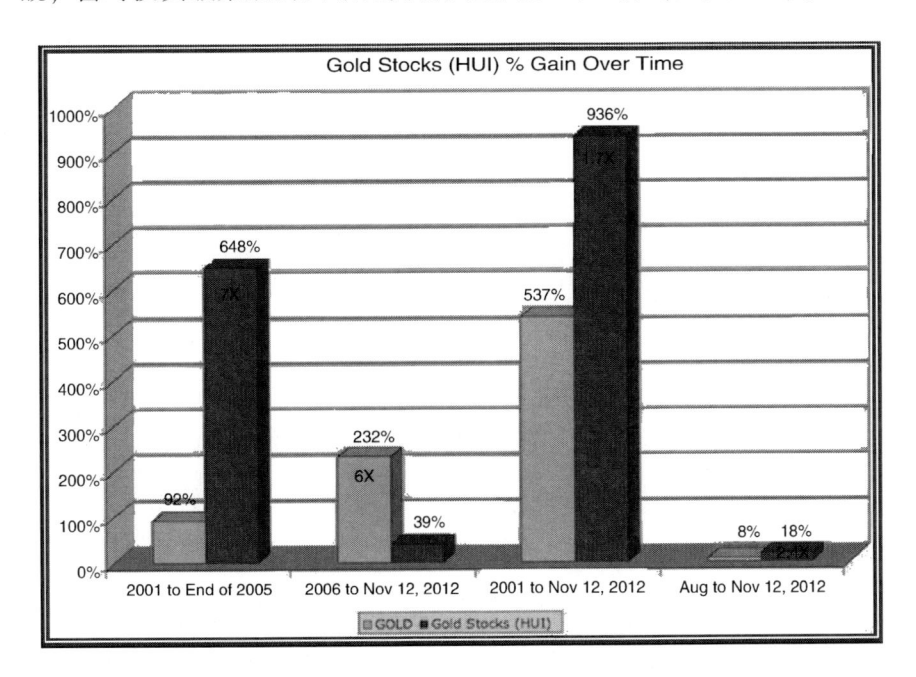

圖2-1　2001—2006年HUI指數

---

① 陳文茜. 戴高樂的黃金夢 [J]. 環球，2011（19）.

（2）歐洲央行推行量化寬鬆的貨幣政策。2015年1月22日，歐洲央行推出了每月購買600億歐元資產，持續到2016年9月，將向市場注入上萬億歐元的貨幣。同時歐洲中央銀行也把利率維持在0.05%~1%水平。歐洲央行決定通過直接貨幣交易實施無限量債券購買，使得歐元下行風險減弱，增加了美元的壓力。

（3）日本中央銀行把利率維持在很低水平。這樣為黃金作為國際大宗商品，也是投機機構炒作的對象，尤其是為對沖基金提供了操作的時間和空間。

從長期看，黃金的中長期價格主要受到寬鬆貨幣政策的影響。貨幣供應量增長過快提升了黃金的投資需求。未來貨幣越來越多，紙幣貶值是長期的趨勢，而黃金本身就是貨幣，具有對抗貨幣和通貨膨脹的功能。黃金的稀缺性進一步增強。從長期看，黃金是一種稀缺資源，這主要是貨幣長期處於劇烈貶值狀態，黃金需求將顯著增加。同時，黃金沒有遺產稅，具備投資功能。投資黃金的缺點是，沒有利息收入。

2. 地緣政治

黃金具有價值穩定和儲備的功能，是一種典型的避險資產。俗話講，「大炮一響黃金萬兩」，講的就是這個理。黃金短期的價格主要受到地緣政治因素的影響。如，1960年的越南戰爭，投資者大量拋售美元，搶購黃金。1981年蘇聯入侵阿富汗，黃金的表現就非常搶眼，漲到850美元/盎司。2003年的伊拉克戰爭，黃金從2002年的275美元/盎司上漲到390美元/盎司。未來全球不確定的戰爭局勢，都將影響黃金的價格。

3. 各國中央銀行正在加緊購買黃金，成為黃金市場上的絕對主力

為減少對紙幣的依賴，各國中央銀行正在加緊儲備黃金。2010—2014年，各國央行買入黃金近2,000噸。著名經濟學家凱恩斯指出：黃金在我們制度中具有重要作用。它作為最后的衛兵和緊急需要時候的儲備，還沒有任何其他的東西可以取代它（見表2-2）。

表2-2　　　2011—2012年主要國家中央銀行買入黃金情況表

項目	2011年買入噸	2012年買入噸	2013年買入噸	2014年前三季度買入噸
墨西哥央行	100	16.74	—	—
俄羅斯央行	57	75	77	115
泰國央行	28	—	—	—
韓國央行	25	16	—	—
歐洲央行	0.8	—	—	—
哈薩克斯坦央行	3.11	4.3	—	28
土耳其	—	11.16	—	—
其他國家央行	225.79	431.80	—	—

4. 黃金市場需求旺盛

黃金是一種有價值的稀罕之物，市場銷售一直火爆，這為黃金市場奠定了堅實的基礎。根據世界黃金理事會的數據，中國這幾年前超過南非成為世界第一大黃金生產國。在印度，黃金也深受廣大投資者的青睞。在中國自古就有收藏黃金的習慣。目前，中國每年消費的黃金大幅度地增長。

在上海中國黃金旗艦店，一金民一次購買50公斤金條。在北京、

成都、廣州等城市也不乏黃金銷售火爆的場面，有的動輒花費幾萬元、幾十萬元甚至上千萬元購買金條，這充分反應了在貨幣超發背景下人們應對貨幣貶值的一種策略。黃金已經成為對抗通脹的有效工具。

面對2014年國際投資銀行唱空黃金，做空黃金，聰明的股市投資者必須要有自己的思考，不能人雲亦雲。在黃金的價值被低估、鈔票不斷超發和經濟出現滯脹等條件下，未來黃金創新高的日子不會遙遠，對此要有信心。

5. 黃金定價交易機制的改變

2014年11月7日，倫敦金銀市場協會宣布，任命美國洲際交易所（ICE）提供價格平臺，為黃金價格提供實貨結算、電子交易及競價，標誌著自1919年由匯豐銀行、德意志銀行、巴克萊銀行、法國興業銀行、加拿大豐業銀行共同操縱黃金定價權的時代結束，取而代之的是黃金電子交易時代。

從長遠看，黃金具有稀缺性、保值性，同時是中央銀行最后的屏障，也是人民幣國際化的重要支撐。黃金迴歸正常的價格，甚至超過投資者的想像，是必然的趨勢。

二、醫療行業

生老病死，是自然規律，沒有人能幸免。而就醫，與生命高度相關的醫藥行業，是每個人必須面臨的問題。當下，人們都注重養生。因此，醫療保健行業系弱週期消費性行業，也是未來的巨大產業（見表2-3）。

表 2-3　　美國醫藥公司 2013 年 3 月 4 日的交易情況表

名稱	總股本（億股）	股價（美元）	市淨率	每股收益（美元）	市值（億美元）
輝瑞	73.63	27.69	21.98	1.26	2,038
雅培	15.70	34.31	9.16	3.75	538
百時美施貴寶	16.40	37.03	32.03	1.15	604

　　從美國的情況看，醫藥股長期持有的回報率相當可觀。美國沃頓商學院西格爾教授在他的著作《投資者的未來》一書中指出，1957—2003 年這 46 年期間美國表現最佳的 20 家基業長青公司顯示出同樣的特點，那就是這些公司保持了完整的業務結構，未和其他任何公司合併。1957—2003 年，標普 500 指數年複合收益率為 10.85%，20 家基業長青公司的股票年複合收益率為 13.58%~9.75%，總收益率為 387~4,625 倍，是標普 500 指數的 3 倍到 37 倍。仔細分析這些企業，具有共同的特點，那就是著名品牌在行業內部具備行業壟斷、技術壟斷和自我定價的能力（見表 2-4）。

表 2-4　　1957—2003 年美國股市醫藥行業公司的表現

股票	複合收益（倍）	排名
雅培	1,280	1
百時美施貴寶	1,208	2
輝瑞	1,054	3
默克	1,002	4
先靈葆雅	536	5
惠氏	460	6

可以預測，美國的現在就是中國的未來。

隨著社會的發展，特別是中國將步入老齡化社會，醫療、保健行業將成為人們必需的，也許是最大的開支。當你到一些大醫院，就會看到上萬人的流量，熙熙攘攘，就像趕集一樣，你就會明白，醫藥行業有多麼大的前景和市場。

根據國家發改委公布的資料，2011年中國醫藥產業總產值15,707億元，同比增長28.5%，其中，中藥飲片和中成藥分別增長51%和26%以上。

從當前看，中國上市的醫藥類上市公司中，像片仔癀、雲南白藥、東阿阿膠、白雲山、恒瑞醫藥、信立泰、同仁堂等，是中國比較好的醫藥企業，其中恒瑞醫藥、雲南白藥近10年來漲幅超過15倍，是這些企業中的佼佼者。筆者相信中國醫藥企業一旦走出仿製的困境，走上自主創新的道路以後，一定會誕生類似輝瑞這樣給投資人良好回報的公司。關鍵在於你要去觀察、發現，找到那些能夠持續成長的企業，並持有這樣企業的股票。

三、銀行證券保險行業

1. 銀行業

銀行是經營貨幣的特殊企業。從巴菲特先生長期持有富國銀行的情況看，銀行業一直是他喜歡的行業（見表2-5、表2-6）。

表 2-5　　　2013 年 3 月 4 日美國幾大銀行估值情況表

名稱	股本（億股）	股價（美元）	市淨率	市盈率	每股收益（美元）	市值（億美元）
花旗銀行	30.29	42.94	0.72	18.16	2.49	1,300
富國銀行	52.67	35.85	—	10.48	3.36	1,888
摩根大通	38.07	49.10	0.96	9.47	5.20	1,869
第一資本	5.79	53.12	0.81	9.03	6.16	307

表 2-6　　　2013 年 3 月 6 日中國幾大成長性銀行的情況表

名稱	股本（億股）	股價（元）	市淨率	市盈率	每股收益（元）	市值（億元）
浦發銀行	187	11.11	0.72	5.95	1.83	2,072
興業銀行	127	20.56	—	7.44	3.22	2,611
民生銀行	284	10.55	—	7.62	1.34	2,992
招商銀行	216	13.45	—	6.27	2.10	2,902

在中國間接融資為主的格局下，銀行贏利能力強勁，得益於政策的呵護。這一點我們可以從表 2-7、表 2-8、表 2-9 可以看出，中國銀行業金融機構的市盈率在 8 倍以下，市淨率在 1～1.5 之間，並迎來了 2013 年初銀行類股票的修復性行情。

表 2-7　　　2013 年 2 月 8 日銀行業金融機構的估值情況表

股票	市淨率	市淨率排名	市盈率	市盈率排名
光大	1.32	7	6.30	1
浦發	1.25	5	6.31	2
中行	1.09	2	6.43	3
建行	1.34	8	6.50	4

表2-7(續)

股票	市淨率	市淨率排名	市盈率	市盈率排名
工行	1.42	9	6.61	5
華夏	1.14	3	6.82	6
交行	1.07	1	6.90	7
招商	1.59	11	7.12	8
農行	1.38	8	7.13	9
興業	1.53	10	7.53	10
民生	1.93	12	8.44	11
北京	1.23	4	7.73	12
南京	1.28	6	7.87	13
寧波	1.59	11	8.43	14

表2-8　2011—2012年部分銀行業金融機構淨資產收益率情況表　　單位:%

股票	2011年	2012年9月30日	排名
招商	23.14	21.90	1
興業	22.14	19.1	2
民生	21.54	18.66	3
浦發	18.33	15.4	4

表2-9　2011—2012年部分銀行業金融機構淨利潤增長率情況表　　單位:%

股票	2011年	2012年9月30日	排名
浦發	31.40	42.63	1
興業	38.21	40.63	2
民生	60.80	35.96	3
招商	40.19	22.55	4

綜合分析所有的銀行，無論是從盤子的大小、市盈率、市淨率，還是從淨利潤增長、淨資產收益率和成長性看，排名靠前的應該是興業銀行、浦發銀行和民生銀行。當然，公司是好公司，至於買入的價格，那你得多動腦筋，選擇恰當的價格買入方能獲得好的收益。同時，存款保險制度下，經營好的銀行更有優勢。因為，未來銀行業放開經營是大勢所趨，在這樣的情形下，必然經營不善、風險控製不力的問題銀行要倒閉或進行重組。需要提醒的是，在經濟下行的時期，銀行的不良貸款將進一步增加，盈利能力也在減弱，進而對其估值也將發生變化。

2. 證券公司類的股票

「春江水暖鴨先知」，券商類股票作為股市的先知先覺者，會在市場行情中率先發動。對於聰明的投資者來講要有充分的心理準備，尤其是不要在黎明前為了蠅頭小利，逃之夭夭，而錯失大好機會。操作的原則是持股、持股，仍然是持股，直到牛市鼎盛時期結束。由於這類股票屬於強週期性股票，當牛市得以保持的話，這類公司會有非常好的表現。但是證券公司靠天吃飯的局面並沒有明顯改變，佣金等經紀性手續費和自營投資性收入占主要地位。未來該類公司的分化將進一步加大，具備創新業務型的公司將具有大的發展機遇。同時，如果經濟出現衰退，股市的牛市消失的話，這類公司將成為「燙手的山芋」。對於這類公司，投資者最重要的是要能夠及時發現這類公司出現衰退的徵兆，在公司的業績達到頂峰的時候能全身而退，否則你最好遠離這樣的公司。因為週期性行業的公司，只有等到經濟好轉或證券行業好轉的時候，這樣的公司才能取得良好的回報（見表2-10）。

表 2-10　　　　　國內券商與國際著名投資銀行比較表

公司	總股本（億股）	市盈率	淨資產（元/美元）	市淨率	每股收益（美元/元）	市值（億美元）
高盛	4.528	11.28	161	1.21	17.29	750
中信證券	110.2	37.76	8.42	3.47	0.58	473
光大證券	34.2	—	7.14	3.88	0.26	126
海通證券	95.8	30.2	6.85	3.06	0.52	297
廣發證券	59.2	35	6.24	3.81	0.51	200
摩根大通	37.4	11.57	—	1.02	5.4	2,020

備註：按 2015 年 2 月 2 日股票收盤和 1 美元兌換 6.2597 人民幣計算市值。

資料來源：上海證券交易所，雪球網。

從估值看，美國投行市盈率在 8.5~12 之間，市淨率在 1.5~2.9 之間，而中信證券 2014 年的市盈率、市淨率預計分別為 36 及 3.38，考慮中國股市的發展空間巨大，在股市經過慘烈的下跌以後，該股票估值非常合理，價值凸現。從盈利能力看，國內的券商與國際投行比較有較大差距，表現在市盈率上是別人的好幾倍，這一點要靠增加盈利來消化和解決。從市值管理看，國內的券商的市值在 530 億元以下，顯得較為弱小。從股本看，國內的券商普遍偏大，與國內股市文化有關，而光大證券的盤子較小，且該公司上市以來復權價格不高，未來股本擴張的衝動性也較強。

再看看高盛投資公司的股票走勢，從 2000 年以來，該公司的股票價格從 50 多美元，上漲到了 2007 年 10 月的 250 美元，上漲了 1.7 倍左右，到 2014 年 12 月仍然維持在 180 美元以上。該投資公司可能成為華

爾街金融危機以後最大的投資銀行，該行經受住了金融危機的洗禮。可見這類的公司值得投資者重點關注。

3. 保險

保險公司也是值得投資人密切關注的股票，為什麼？主要是中國人多，保險的行業前景廣闊，尤其是保險公司的資金相當的多，投資的範圍將進一步拓寬，為保險行業提供了廣闊的發展空間（見表2-11）。

表2-11　　　　　美國與中國保險公司比較

名稱	總股本（億股）	2014年11月13日股價（美元/元）	市盈率
美國國際集團	14.76	54.50	11.5
中國平安	79.2	44.30	8.22
中國太保	90.60	21.14	15.81
中國人壽	283	16.79	12.98

從表2-11中可看出，無論從總股本，還是從市盈率看，中國平安的估值相對來講是比較低的。

四、科技行業

科技是第一生產力。高科技公司中不乏大牛股，其中，蘋果就是科技公司的典型代表。該公司成立於1976年7月1日，核心業務是電子科技產品。蘋果最知名產品是iPhone手機、iPad平板電腦等。

2012年，蘋果成為全球第一大手機生產商，擁有現金近千億美元，富可敵國，一點也不誇張。

蘋果作為移動互聯的先驅者，在喬布斯團隊的領導下，發揚光大，一舉成為世界最著名的科技公司，引領世界。

在當下人人都想擁有蘋果產品的情況下，蘋果的股價你不讓它漲都難。

讓我們看看，蘋果公司的股價，雖歷經多次大幅度震盪，也只有少數人能堅持看到每股500多美元的價格。1997—2012年，蘋果股價從5美元上漲到700美元，股價翻了140倍；2000—2012年12年間，蘋果股價翻了70倍；2003—2012年，蘋果股價上漲了30倍；2006—2011年，蘋果股價上漲超過10倍；2008—2012年不到4年時間裡，蘋果股價上漲了近6倍。

這說明了兩點，第一，在股市的跌宕起伏的條件下，很少有人堅持住。第二，高科技成長的魅力。我始終堅信，未來的中國一定會誕生類似於蘋果這樣的企業，作為投資人要密切跟蹤國內類似的高科技公司，找到並堅定的持有。

蘋果的成功得益於市場機制與個人創新完美的結合，只有發揮個人的潛能，在追求個人財富的同時，推動社會的進步，這就是蘋果給我們的啟示。同時，我也希望中國能產生這樣的企業。

移動互聯公司，將是未來領漲股市的先鋒。第三代移動通信公司的股票，比如，類似蘋果，生產互聯網移動終端的手機生產企業，這些具有標杆性的企業，值得投資者密切關注。因為，這類股票作為啓動內部需求的重要產業，將帶動上萬億元的消費，在經濟發展戰略中具有特殊

的意義。

中國市場已經誕生了阿里巴巴這樣的公司，這是時代的發展與科技革命完美的結晶，中國類似的高科技企業一定會不斷誕生和發展。

五、消費行業

1. 交通運輸

機場作為弱週期性行業，具有在牛市跑輸大盤而在熊市跑贏大盤的特點。聰明的股市投資者要迎接波瀾壯闊的股市行情在於長期堅持、持有該行業領先的股票多年才能有所收穫。如在2002—2005年中國股市的熊市階段，滬市大盤指數下跌了30%，而上海機場漲幅分別為142%、白雲機場也僅僅下跌了4%，機場行業在熊市中明顯跑贏大盤。但在2005年6月至2007年10月的大牛市中，上證指數從998點上漲至6,124.04點，上漲了了6.14倍，而上海機場從13元漲到了43元，漲幅為3.3倍。機場類的公司，尤其是樞紐性的機場，在熊市中皆具有防禦性強、現金流充沛、業績增長穩定和在市場上的表現具有跑贏大盤的特點，是主力機構重點配置的品種。而且中國民航事業正處於上升階段，人們出行的方式以後會更多地選擇乘坐飛機，這給機場業的發展帶來了不可限量的機遇和廣闊的發展空間。

港口運輸行業。港口是一種稀缺資源，具有壟斷性和獨占性，進出口貨物均要通過這類公司進行，相當於是進出的「關口」，或要塞。而且在國際上，由於特殊的原因這樣的公司一般不賣。從定價的情況看，

在國際上的併購實踐中，一般都是 25 倍的市盈率，因此經濟前景好，在安全邊際下買入的風險小。從國內幾大港口的情況看，上港集團的優勢在於規模、定價能力和沿江擴展優勢，天津港的主要優勢體現在大宗散雜貨物上，筆者堅信港口業的未來充滿希望。

鐵路運輸行業。鐵路運輸具有其他運輸不具有的先天性優勢，運力大、快捷，前景十分看好。尤其是運輸煤炭的企業和具有高鐵核心技術的公司，具有科技含量高、國際競爭力強、發展潛力巨大，值得投資人密切跟蹤、關注。

2. 日常消費品

如，伊利股份、格力電器等。

以上這些行業，有的看似平淡無奇，但只要你有足夠的耐心，堅持持有這樣的股票多年的話，也許會收穫頗豐的。

第三章

未來值得投資的企業

SMART STOCK
MARKET INVESTORS

無論什麼樣的投資原則、投資方法和行業，最后投資人賺錢靠的是個股。因此，選擇好股票成為投資者最重要的工作。

　　那麼什麼樣的股票是好股票呢？俗話講人分三六九等，我覺得，最具備持續競爭優勢的企業一定是好企業，這樣的企業有三類：

　　第一類，穩定投資型公司，這類公司分紅穩定。買入這樣的公司，由於公司經營穩定，公司的價格變化不會特別大。在牛市不會表現得特別的好。在熊市中，也不會表現得特別的差。像大秦鐵路、上海機場這樣的公司，就屬於這一類。

　　第二類，超級成長型公司。這類公司過一年或幾年有送配股，筆者稱這類公司是會「下崽」的公司。如果這樣的公司，在送配股以後，業績仍然能夠跟上的話，那麼這樣的公司就屬於送股加業績雙輪驅動的公司，是絕對的好公司。在牛市這樣的公司會表現得非常好，在熊市，也不會很差。投資人要下工夫去發現這樣的公司，這應該是你投資工作的重點所在。當然，即便是這樣的公司，也要選擇買入的時機，所以，投資者千萬不要追高。

　　第三類公司，相對複雜一些。這類公司平時非常一般，有的在市場中表現得非常差，長期不漲，或漲得很少。有的在重組、開發新產品等機會出現時，也會有良好的表現，但是一般難以把握。有的公司走上了漫漫退市之路。如果投資買了這樣的公司，就攤上大事啦。對於第三類公司，筆者對此一直抱著謹慎的態度。如果這樣的公司真正轉好，再投資也不遲。

　　如果你在 10 年前買入成長性不好的公司，或退市的公司，或是上市時投機性強公司的股票，過去、現在、未來都會出現虧損，甚至大的

虧損。這一點你可以從表3-1這兩個公司的股價變化看到，由於在錯誤的時間，操作或判斷失誤，造成長期虧損。

表3-1　　2003—2013年中國石油、中國鋁業股價情況　　單位：元

公司	行業	2003年8月28日或上市首日收盤價(復權)	2013年2月21日收盤價（復權）	跌幅（%）	虧損原因
中國石油	石化	40.43	10.38	-74.33	上市首日爆炒
中國鋁業	有色	18.67	5.09	-72.74	行業優勢不在

那麼，到底應怎樣進行投資呢？投資大師彼得·林奇說：我喜歡快速增長型公司，這類公司成長性強，年均增長20%~30%。如果你能夠明智地選擇好的公司，你會從中發現能夠上漲10~40倍，甚至200倍的大牛股[1]。

我覺得，投資最重要的是找到好的公司，並以合適的價格持有。

當然，因為有那麼多的研發機構和投資人天天在琢磨，一方面，好的公司已經被發掘；另一方面，成長性好的公司，其公司股票的價格已經充分反應公司的前景，價格均已很高。因此，投資更應該強調風險，而不能只求收益。如果出現大熊市，那麼這是你選擇好公司、好價格的時候，但這樣的機會並不多，而且大多數的人抓不住。如果快速增長的公司預期增長放緩，公司的市盈率達到60倍的時候，我們應該考慮賣出股票。筆者覺得以下公司值得投資者關注：

---

[1] 彼得·林奇，約翰.羅瑟查爾德.彼得·林奇的投資成功 [M].劉建位，徐曉杰，譯.北京：機械工業出版社，2007：100.

一、中金黃金

1. 高的壁壘

黃金不是任何人任何企業想經營就能經營的，屬於特許經營企業，且這個行業壁壘很高，一要有資源，二要有技術。其中，中金黃金擁有礦權130個，面積1,100平方公里，已經建設成功的有湖北三鑫、內蒙古蘇尼特、陝西太白、河南嵩縣和三門峽五大黃金基地。根據公司規劃，到「十二五」期末，黃金儲量將達到1,800噸。中國黃金集團已制訂了資源注入總體計劃，逐步將黃金礦業資產全部納入公司，其中僅陽山金礦就達到300噸以上，以實現黃金主業整體上市。同時，黃金集團到非洲、俄羅斯與其聯合開發黃金，前景非常廣闊。所以，中金黃金是集萬千寵愛於一身，具備翻1～10倍的潛質。

2. 持續競爭優勢

公司從2003年上市，2006年淨利潤從1.61億元增加到2011年的18.2億元，6年複合成長率為49%，是高成長性企業（見表3-2）。

表3-2　　　　2003年三季度中金黃金復權歷史交易　　　　單位：元

日期	開盤價	最高價	收盤價	最低價	交易量（股）	交易金額	復權因子
2003-09-30	8.650	8.780	8.580	8.210	6,940,315.000	59,034,109.000	1.000
2003-09-26	8.550	9.270	8.830	8.520	11,586,916.000	103,187,288.000	1.000
2003-09-25	8.760	8.770	8.510	8.500	2,049,061.000	17,592,812.000	1.000
2003-09-24	8.800	8.850	8.740	8.690	2,311,663.000	20,280,159.000	1.000

表表3-2(續)

日期	開盤價	最高價	收盤價	最低價	交易量（股）	交易金額	復權因子
2003-09-23	8.670	8.800	8.790	8.650	3,150,928.000	27,502,390.000	1.000
2003-09-22	8.540	8.740	8.660	8.460	3,455,766.000	29,765,299.000	1.000
2003-09-19	8.560	8.670	8.550	8.300	4,443,502.000	37,405,801.000	1.000
2003-09-18	8.600	8.680	8.560	8.510	2,369,107.000	20,360,055.000	1.000
2003-09-17	8.940	8.940	8.610	8.560	3,590,144.000	31,191,320.000	1.000
2003-09-16	8.690	8.940	8.940	8.680	3,751,487.000	33,221,195.000	1.000
2003-09-15	8.780	8.940	8.700	8.640	3,097,923.000	27,229,002.000	1.000
2003-09-12	9.010	9.010	8.850	8.750	4,884,063.000	43,224,745.000	1.000
2003-09-11	9.140	9.230	9.030	8.960	3,691,214.000	33,439,722.000	1.000
2003-09-10	9.020	9.370	9.140	9.020	7,040,227.000	64,728,183.000	1.000
2003-09-09	9.310	9.350	9.020	8.880	8,766,659.000	79,469,551.000	1.000
2003-09-08	9.300	9.470	9.310	9.220	4,924,948.000	46,023,459.000	1.000
2003-09-05	9.480	9.690	9.320	9.300	10,352,041.000	98,369,307.000	1.000
2003-09-04	9.440	9.720	9.480	9.370	11,392,191.000	109,011,651.000	1.000
2003-09-03	9.550	9.590	9.440	9.310	12,749,643.000	120,235,279.000	1.000
2003-09-02	9.580	9.980	9.590	9.400	44,711,549.000	432,410,810.000	1.000
2003-09-01	8.710	9.580	9.580	8.700	29,116,997.000	271,714,649.000	1.000
2003-08-29	8.500	8.780	8.710	8.300	6,342,687.000	54,961,174.000	1.000
2003-08-28	8.880	9.080	8.590	8.520	13,724,728.000	120,612,523.000	1.000
2003-08-27	9.180	9.200	8.910	8.880	10,061,547.000	90,613,114.000	1.000
2003-08-26	9.000	9.260	9.190	8.850	11,722,427.000	106,299,862.000	1.000
2003-08-25	9.280	9.340	9.010	8.960	14,653,411.000	133,733,430.000	1.000
2003-08-22	9.250	9.490	9.340	9.160	14,437,163.000	134,649,255.000	1.000
2003-08-21	9.030	9.280	9.220	8.960	14,040,146.000	127,738,895.000	1.000
2003-08-20	8.830	9.090	9.040	8.750	16,940,265.000	151,181,094.000	1.000
2003-08-19	8.900	9.150	8.840	8.810	13,065,785.000	116,919,652.000	1.000
2003-08-18	8.840	9.180	8.960	8.700	19,065,660.000	170,937,009.000	1.000
2003-08-15	8.480	9.040	8.830	8.450	38,924,520.000	340,719,220.000	1.000
2003-08-14	7.770	9.200	8.820	7.650	66,385,234.000	541,183,557.000	1.000

表 3-3　　　　2012 年一季度中金黃金復權歷史交易

日期	開盤價	最高價	收盤價	最低價	交易量（股）	交易金額（元）	復權因子
2012-02-16	161.050	161.832	158.775	157.567	16,832,862.000	377,748,832.000	7.107
2012-02-15	160.197	164.177	161.689	159.770	15,426,363.000	352,106,464.000	7.107
2012-02-14	161.050	162.755	160.197	159.841	9,886,723.000	223,679,728.000	7.107
2012-02-13	158.491	164.177	161.760	157.780	12,042,889.000	273,840,832.000	7.107
2012-02-10	161.050	163.537	160.908	159.912	12,367,539.000	281,214,912.000	7.107
2012-02-09	161.831	164.603	161.974	159.841	18,453,868.000	420,493,280.000	7.107
2012-02-08	156.288	165.954	163.537	156.075	30,744,464.000	696,222,592.000	7.107
2012-02-07	155.790	156.572	155.435	151.384	13,450,354.000	291,747,136.000	7.107
2012-02-06	157.780	159.415	157.780	155.648	14,224,186.000	314,875,168.000	7.107
2012-02-03	158.562	161.050	159.344	156.359	17,875,366.000	400,645,536.000	7.107
2012-02-02	154.014	157.780	157.496	152.308	17,420,474.000	379,846,080.000	7.107
2012-02-01	159.557	161.334	152.450	150.389	25,281,008.000	553,289,088.000	7.107
2012-01-31	159.344	161.974	160.126	157.922	13,488,928.000	302,590,272.000	7.107
2012-01-30	163.395	167.446	161.121	161.050	35,900,100.000	828,890,624.000	7.107
2012-01-20	161.618	163.324	159.628	157.922	31,602,112.000	710,548,928.000	7.107
2012-01-19	147.901	163.395	163.395	147.901	51,992,552.000	1,175,724,800.000	7.107
2012-01-18	150.673	154.937	148.541	148.399	20,859,334.000	443,835,776.000	7.107
2012-01-17	135.961	148.612	148.612	135.108	18,901,850.000	382,965,632.000	7.107
2012-01-16	135.393	137.098	135.108	133.616	8,287,154.000	157,740,096.000	7.107
2012-01-13	138.946	139.870	137.738	135.179	12,008,632.000	231,971,344.000	7.107
2012-01-12	135.393	138.946	138.164	134.327	14,293,099.000	275,323,456.000	7.107
2012-01-11	135.037	137.525	135.108	132.834	12,711,345.000	242,081,216.000	7.107
2012-01-10	127.575	135.037	134.895	126.793	18,336,532.000	335,696,992.000	7.107

表3-3(續)

日期	開盤價	最高價	收盤價	最低價	交易量（股）	交易金額（元）	復權因子
2012-01-09	120.325	127.219	126.722	119.970	11,272,704.000	197,770,032.000	7.107
2012-01-06	119.330	120.467	120.396	116.701	4,795,883.000	79,958,064.000	7.107
2012-01-05	122.386	124.376	119.259	118.406	7,740,998.000	132,345,528.000	7.107
2012-01-04	126.509	127.077	122.386	122.244	8,285,960.000	145,372,288.000	7.107

資料來源：新浪財經。

從表3-3我們可以看出，中金黃金在2003年8月至9月期間，價格長期保持在8.8元至9.5元之間，漲跌的幅度不超過1塊錢，價格如此的低，就沒有人要。正是基於這樣的狀況，機會才會青睞那些長期買入而不懼怕短期下跌的投資人。但到2012年2月時，該股股價長期保持在150元以上。該股從2003年8月14日收盤價格8.82元到2012年2月16日復權價格158元，上漲了16倍。股價從低到高的轉變經歷了十年左右，這就需要購股者具備大智若愚的智慧。

如果按照2015年1月22日，上海期貨交易所黃金價格259.05元/克計算，如果按照集團整體上市后進行計算，每股含黃金0.397,959克。如果扣除成本，0.397,959克×(259.05-139) = 47元。以上只按黃金儲量計算出的，不包括其他金屬儲量。中國黃金價值明顯低估。也就是說，當2014年公司股價跌到9元以下的時候，市場並不瞭解公司的實際價值。同時，也掩蓋了公司的成長性（見表3-4）。

表 3-4　　　　　　　　中金黃金和山東黃金價值分析

公司	成本（每克·元）	2008年毛利率（％）	2009年黃金儲備量（噸）	2010年黃金儲備量（噸）	2010年每股含黃金（克）	中觀儲量（噸）	中觀每股含黃金（克）	遠觀儲量（噸）	遠觀每股含黃金(克)和隱含價值（元）
中金黃金	139	48.03	500	800	1.011,8 克	1,300	0.663,26 克	3,000	1.530,6 克
山東黃金	112	53.8	170	270	0.441,5 克	770	1.082,1 克	1,800	1.405,4 克

註：1. 每股隱含價值扣除了生產成本。2. 中金黃金、山東黃金的資源包含了集團公司的資源儲備。

資料來源：2008—2010年上市公司年報。

　　有兩句話來形容中金黃金，一是無與倫比，另一句話是集萬千寵愛於一身。主要理由如下：

　　一是美國、英國、歐盟、日本和中國為應對金融危機，尤其是美聯儲實行量化寬鬆的貨幣政策，開動印鈔機，將財政赤字貨幣化，市場流動性泛濫，為未來惡性通貨膨脹埋下了「仇恨」的種子，使美國問題國際化。同樣，黃金因為能夠對抗通脹，將受到人們的追捧。

　　二是集團公司的支持。公司未來將獲得集團公司大量的黃金礦產注入。根據集團公司公告，2009年註資河南秦嶺等7家礦山，增加黃金儲備114.8噸，加上陝西鎮安等黃金礦山100噸，總計達到540噸以上。另外，集團將把世界第六、中國第一的世界級礦山，甘肅陽山金礦（探明儲量308噸，遠景儲量500噸，年產10噸）計入上市公司，到2012年公司黃金資源儲量將達到600噸，未來公司的黃金儲備可能超過1,000噸甚至3,000噸。如果按1年開採25噸計算，未來可開採超過100年，潛力巨大。

三是中國將增加黃金儲備。現中國的黃金儲備僅占外匯儲備的1.7%，未來增加是必然趨勢，黃金理應看漲。

四是好公司，好價格。公司要按照世界一流企業的標準進行發展，成為中國第一、世界一流的公司，而世界一流的黃金企業股價均在13美元以上。

五是未來成長值的預期，公司具有業績增長加高送配雙輪驅動大牛股的特徵，極有可能是個能夠翻數倍的股票。

二、山東黃金

1. 大牛股之一

其復權價格至少在上百元以上，漲幅曾位居滬深股市榜首。黃金金光閃亮的日子也許還在后面，百年不遇。筆者有個朋友，2003年，山東黃金上市后不久，股價從18元多跌到了13.99元，他就買了1,000股。后來，聽人家說股市要跌，就虧損1元錢賣了。等他賣了以后，該股是跌了，而且跌得非常的厲害，到2005年的時候，最低跌到了8元附近。當時，他自以為賣對了，心裡很高興，認為自己賣出是非常正確的，心裡暗自慶幸。但是2006年至今，他一直后悔，幾乎「把腸子悔青啦」。他說，如果不賣山東黃金的話，到2012年2月16日，該股復權的價格也在382.88元，讓他大跌眼界。如果他持有山東黃金的話，在大盤已經跌了72%的基礎上，仍然每股賺了360元以上，相當於每股賺了26倍。

2. 深受 QFII 的青睞

讓我們看一看外資銀行對市場的掌控能力。（見表 3-5）

表 3-5　　　　　QFII 投資某黃金股操作行為情況表

時間	持有股票（萬股）	增減股數（萬股）	收盤價格（元）	操作策略
2003-12-31	538.85	—	10.29	在這兩年多的時間裡，幾乎不賺錢，帳面上可能出現虧損，但持有者長期「潛伏」，信心十足，能夠耐得住寂寞
2004-06-30	557.21	18.36	7.32	
2004-09-30	457.21	100	6.90	
2004-12-30	457.21	0	7.15	
2005-03-30	457.21	0	6.29	
2005-06-30	457.21	0	6.56	
2005-09-30	457.21	0	7.28	
2005-12-30	457.21	0	7.57	
2006-03-30	457.21	0	14.87	
2006-06-30	585.22	128.01	18.85	加倉以後，仍然持股不動，以逸待勞，等待收穫季節的到來
2006-09-30	585.22	0	17.44	
2006-12-30	585.22	0	18.87	
2007-03-30	585.22	0	32.16	
2007-06-30	482.20	-103.01	47.03	市場出現狂熱，選擇在高位退出，減持了 340.23 萬股，特別是 9、10 月滬市處於歷史頂點的時候，大幅度減持，減持的價格在 100~140 元不等，獲利在 11~15 倍之間，而同期大盤僅僅上漲 6 倍，顯示外資對市場的把握能力
2007-09-30	321.70	-160.32	140.51	
2007-12-30	244.91	-76.9	114.15	
2008-03-30	249.84	4.93	79.11	在上證指數從 6,124 跌到 1,664 點，中金黃金股價從最高的 174.16 元跌到了 2008 年 27.33 元，股價下跌了 84.31%，超過大盤 72.81% 的跌幅，但外資仍然持有 50% 的股票，選擇了堅守
2008-06-30	244.81	-5.03	49.83	
2008-09-30	244.91	0	33.70	
2008-12-30	244.81	0	37.24	

表3-5(續)

時間	持有股票 (萬股)	增減股數 (萬股)	收盤價格 (元)	操作策略
2009-03-30	243.31	-1.5	59.32	—
2009-06-30	545	—	63.59	—
2009-09-30	558	—	59	—
2009-12-31	503	—	80.3	—
2010-03-31	383	—	65.56	—
2010-06-30 至 2011-9-30	0	—	—	全部減持
2013-9-30	440	—	22.17	持有
2014-12-30	400	—	19.85	持有
2015-01-22	400	—	28.58	持有
QFII投資行為具有「較多持有大盤藍籌和主板股票、採取長期持有和不通過頻繁交易獲利、買賣方向與市場走勢呈負相關性」等特點。					

資料來源：上市公司定期公告。

3. 超級成長性企業：從2006年公司實現淨利潤僅為1.25億元，但是到2011年公司淨利潤增加到19億元，6年複合成長率為57.42%，也是屬於典型高成長性企業，因此股價也長期上漲。

三、雲南白藥

1. 超級民族品牌

雲南白藥由雲南民間名醫曲煥章先生於1902年創制，至今已有110

多年歷史，其處方現今仍然是中國政府經濟知識產權領域的最高機密。

據傳說，曲煥章上山採藥，看見兩條蛇正在纏鬥。過了一會兒，其中一條敗退下來。這條氣息奄奄的蛇爬到一塊草地上蠕動了起來。此時，奇跡發生了，不一會兒，蛇身上的傷口消失了，皮膚完好如初。曲煥章等蛇遊走后，拿起那草仔細辨認，他認定這草一定有奇效。於是，他結合平時療傷止血的經驗，創制出了百寶丹。它以雲南特產三七為主要成分，對於止血愈傷、活血散瘀、消炎去腫、排膿驅毒等具有顯著療效，特別是對內臟出血更有其神奇功效。問世百年來，雲南白藥以其獨特、神奇的功效被譽為「中華瑰寶，傷科聖藥」，也由此成名於世、蜚聲海外。目前，「雲南白藥」商標被國家工商行政管理總局商標局評為中國馳名商標，已成為中國中藥的第一品牌。隨著國內外醫療科研機構對雲南白藥的研究不斷深入，雲南白藥的應用領域也不斷擴大。被廣泛應用於內科、外科、婦科、兒科、五官科、皮膚科等多種疾病的治療，並被制成散劑、膠囊劑、氣霧劑、貼膏劑、酊水劑、創可貼等多種劑型。成為主治各種跌打損傷、紅腫瘡毒、婦科血症、咽喉腫痛和慢性胃病的良藥。

2. 超級成長性

經過30多年的發展，公司已從一個資產不足300萬元的生產企業成長為一個總資產22億多元，總銷售收入逾32億元，經營涉及化學原料藥、化學藥製劑、中成藥、中藥材、生物製品、保健食品、化妝品及飲料的研製、生產及銷售；糖、茶，建築材料，裝飾材料的批發、零售、代購代銷；科技及經濟技術諮詢服務，醫療器械（二類、醫用敷料類、一次性使用醫療衛生用品），日化用品等領域的雲南省實力最強、

品牌最優的大型醫藥企業集團。公司產品以雲南白藥系列和田七系列為主，共十余種劑型七十余個產品，主要銷往國內、港澳、東南亞等地區，並已進入日本、歐美等國家、地區的市場。

四、同仁堂

1. 百年老店

同仁堂的創始人樂顯揚於清朝康熙八年（1669年）創辦同仁堂藥室。他把行醫賣藥作為一種養生濟世、奉獻社會的最高追求和事業。他說：「可以養生、可以濟世者，唯醫藥為最。」在此后的幾百年間，這種誠實敬業的品德，一直深深影響著同仁堂歷代經營者，並將其昇華為同仁堂職業道德的精髓而代代相傳，以仁德、誠信推動著企業的發展。從某種意義上說，同仁堂的歷史就是謀求信義的歷史，同仁堂的金字招牌就是「信義」的凝結。質量是同仁堂生存之根本，公司嚴格遵守「質量至上，安全第一，療效確切，萬無一失」的經營宗旨。

2. 精益求精

同仁堂從188年起曾為宮廷御藥供奉，受到上自皇親國戚，下至黎民百姓的喜歡。公司始終保持：配方獨特，選料上乘，工藝精湛，療效顯著，始終恪守「炮制雖繁必不敢省人工，品味雖貴必不敢減物力」的古訓，工藝上精益求精，成就了百年老店的民族品牌。

3. 誠信自律

樹立「修合無人見，存心有天知」的自律意識，把行醫賣藥作為

一種濟世養生、效力於社會的高尚事業來做。

五、光大證券

1. 股本適中且有擴張能力

該股總股本 34 億股，在券商股中屬於中等規模，同時該股從未送配過股票，具有送配的能力。

2. 漲幅小

該股 2009 年上市，當時發行價 21 元，經過短期上漲后，遇到股市行情不好，最低跌到了 8 元以下。從 2015 年 1 月 22 日收盤價 24.01 元的價格看，漲幅在同類股票中明顯偏小。

3. 業績好

根據該公司公告，2014 年度淨利潤 28.65 億元，每股收益達 0.61 元。隨著證券市場進一步走好，公司業績大幅提升可以預期。

4. 有直接業務資格

公司在 2008 年獲得了直接投資業務的資格，與傳統投行業務形成了互補。

5. 定向增發

公司已經獲得了定向增發的批復，增發資金用於補充資本金，將進一步提升公司的競爭和抗風險能力。

6. 投行、資產、基金業務齊頭並進

公司作為綜合性券商，經營範圍包括：證券經紀、投資諮詢、證

承銷、保薦、融資融券業務等，為公司發展打下了良好基礎。

7. 公司背靠大集團

公司大股東是大型金融控股公司——光大集團。光大集團是以經營銀行、證券、保險、投資管理等業務為主的特大型企業集團。

六、興業銀行

1. 業務長期穩定

銀行業最成功的原因非常簡單，就是政策的扶持，君不見銀行儲蓄與銀行貸款之間的利差至少在3%以上，這是銀行獲得超級盈利的根本原因。

2. 中國經營最成功的商業銀行之一

公司具有一批良好的職業經理人，具有良好的激勵約束機制，使得公司能夠持續成長。

3. 超級盈利能力

2012年上半年公司淨利潤達到171億元，同比增長39.81%，在上市銀行之中排名靠前。

4. 超級安全邊際

公司的資本充足率為11.25%，不良貸款率僅僅0.4%，每股淨資產超過12元，淨資產收益率超過30%，8年的成長性超過36%，屬於資產質量良好、安全邊際高的銀行。2012年9月3日，該公司股價收盤價為12.29元，按照其2012年上半年計算，其市盈率在4倍左右，市淨

率 1.02 倍，遠遠低於西方發達國家銀行水平，處於估值的低端，具有長期吸引力。因此，在 2013 年 2 月份，該股已經漲到 20 元附近，上漲的幅度達 50% 以上，漲幅超過大盤近 30 個百分點。

七、大秦鐵路

1. 超級特許經營權：大秦鐵路，地跨山西、河北、內蒙古、天津，是中國最大的煤炭運輸企業，號稱中國煤炭第一路，公司煤炭運輸量占全國的 30% 左右，每年貨物運輸量達到 4.5 億噸。而在山西省地下儲藏著 6,500 億噸的煤炭，按此計算就是 1000 年也運不完。

2. 持續競爭優勢：大秦鐵路於 1992 年建成通車，共有 2,895 公里，是煤炭的最大鐵路運輸商。2008 年載運量達到 3.4 億噸，成為世界上年運量最大的鐵路公司。公司 2009 年煤炭運輸量占全國鐵路煤炭運輸總量的 25.9%，占中國煤炭產量 15%，繼續在全國鐵路煤炭運輸市場中佔有重要地位。公司是全國第二大有貨運鐵路的上市公司。鐵路是中國經濟成長的骨幹，而隨著中國經濟的發展，鐵路運輸也將隨之成長。

日常業務非常繁忙，每 8～10 分鐘，就有一列火車駛進秦皇島，每列火車的長度達到 2,600 多米，近 3 公里，在當初設計運輸能力 1 億噸的條件下，先后擴能改造、技術創新、大量開行了 1 萬噸和 2 萬噸重載列車，掌握了全球的核心技術，即重載技術和同步操作系統。

重載運輸是國際上公認的鐵路運輸尖端技術之一，代表著鐵路貨物運輸領域的先進生產力。

大秦鐵路是目前世界上開行列車密度最大、年運量最多、效率最高的重載鐵路，承擔著全國300多家大型電廠、10大鋼鐵公司和6,000多家企業生產用煤以及民用煤、出口煤的運輸任務。運輸煤炭使用範圍輻射華東、華南沿海和沿江內陸26個省區市，創造了世界鐵路重載運輸史上的奇跡。編組總共4臺機車掛載408節車廂，當你站在高山上看，長達2.6公里的萬噸重載列車奔馳在大秦鐵路上，其場面相當壯觀。

3. 超級安全邊際：從大同到秦皇島港的鐵路運費只是公路運費的30%。公司鐵路運輸的能源消耗費用僅是公路運輸的1/46，碳排放量是公路運輸的1/57。該公司是傻瓜型企業，市盈率不足8倍，而巴菲特收購北佰林頓公司的市盈率為18倍。從2012年9月3日，大秦鐵路收盤價格看，公司的價格在6.01元，按此計算，2012年該公司的市盈率為7.5倍，具有很高的安全邊際。從實際分紅的情況看，該公司2011年每股分取紅利為0.39元，按此計算股息率為6.49%，遠遠超過一年期銀行存款利息。

投資這樣的公司的技巧在於，你不要指望它在短期給你帶來超額的收益，而是像長期經營公司那樣，你的投資安全就沒有問題。否則，你就不要買入這樣的股票。因為，這樣的股票有可能大部分的時間裡都不漲，但漲的時候也有，只是時間可能比較短而已。

八、中信證券

1. 中國的高盛

隨著證券市場的蓬勃發展，作為證券業來講是最受益的行業，而其中的中信證券作為行業中的翹楚，必然要受到投資者的青睞。這一點我們可以從美國高盛的走勢看出來。

2. 公司研發能力強

公司集聚了眾多的行業領尖人才，尤其是在投資銀行業務方面保持了強勢地位，領跑行業，同時研發能力也很強。

3. 創新能力強

一是公司不僅收購了里昂證券，拓展了在香港市場的經紀業務。二是在創新業務方面，公司在行業中處於領先地位，融資的能力強，截至2014年9月末融資融券余額達518億元，比年初增長160%以上。三是公司在質押業務方面，排名第一位。同時公司融資的渠道、融資的成本也保持領先的優勢。公司不僅可以發行次級債券、試點短期債券，還獲得境外發行中期票據的便利。到2014年11月，公司開展融資余額超過100億元。

4. 超級成長性

公司在2014年前三季度實現淨利潤超過63億元。公司從成立到現在成長性很高，從長遠看，公司的成長潛力巨大。

5. 直投業務

公司已取得直接投資業務試點資格，旗下全資專業子公司金石投資有限公司（註冊資本 46 億元），從事直接投資業務，將有機會利用自己獨特的優勢，獲取直接投資業務帶來的豐厚匯報。

6. 受到機構的青睞

公司的股票獲得了包括國內外的投資基金的青睞，是良好的投資品種。

7. 主要風險

證券市場波動，熊市時要遠離這類證券，牛市啓動時要買入並持續持有至市場瘋狂時再全身而退。

九、格力電器

1. 超級職業經理人

董明珠，作為公司的職業經理人，在企業遇到巨大困難、別人不讓格力空調進場銷售的時候，她力排眾議，自創門戶，開拓市場，殺出一條血路，走出了屬於格力自己的道路。

2. 超級成長性

公司 2006 年的淨利潤為 7 億元，而到了 2011 年公司的淨利潤增加到 52.97 億元，公司 5 年成長性超過 50%，這是非常難找的公司，值得投資人注意。

3. 掌握核心技術

目前，格力是在中國市場上少數掌握了核心技術的空調企業之一。

「好空調格力造」，已經深入人心並成為一種追求。

4. 超級回報

在上市收盤日買到該公司股票的人，到 2013 年 2 月 8 日復權價格已經漲到 1,860 元，上漲超過 30 倍以上，回報率相當驚人。

5. 安全性

公司的市盈率為 13 倍，而市淨率為 3.6 倍，具備安全邊際。

十、中國平安

1. 名字好

中國平安保險（集團）股份有限公司於 1988 年誕生於深圳蛇口，是中國第一家股份制保險企業。公司為香港聯合交易所主板及上海證券交易所兩地上市公司。有朋友問我，現在房子在下跌，高利貸我膽又小，有一些閒錢，閒著也是閒著，我該怎麼辦？我該買什麼？我該什麼時候賣？我說：「中國平安是一家好公司，如果你不急著用錢的話，可以買平安；什麼時候買，什麼時候都可以；什麼時候都不要賣。」

2. 行業好

從全球的情況看，保險業是一個精算的行業，賠付的比例肯定是小概率事件，所以很賺錢是其顯著特點。公司是以保險業務為核心，以保險、銀行、證券、信託等多元化金融服務的全國領先的綜合性金融服務集團。一是投資保險企業；二是監督管理控股投資企業的各種國內、國際業務；三是開展保險資金運用業務。

3. 治理好

公司的領導能夠把一個小公司治理成為集保險、銀行、證券和資產管理於一身的綜合性金融控股公司，說明公司的領導不僅有想法，而且有本事。經過在國內保險市場近 20 年的運作，中國平安已經成為中國保險行業最知名的品牌之一。

4. 業績好

公司自 2008 年以上業績走上了上升通道，2014 年第三季度每股收益達到 3.5 元以上。

5. 市盈率低

2015 年 1 月 9 日，公司股票收盤 72.85 元，換算成美元僅僅才 11.75，與美國國際集團的股價 54 美元比較，顯得較低；經計算，公司的動態市盈率不足 15 倍，與美國國際集團 11 倍相比較略高。（見表 3-6）

表 3-6　　　　　2008—2013 年中國平安財務指標

每股指標	13-12-31	12-12-31	11-12-31	10-12-31	09-12-31	08-12-31
基本每股收益(元)	3.5600	2.5300	2.5000	2.3000	1.8900	0.0900
扣非每股收益(元)	3.5800	2.5400	2.5000	2.3000	1.8600	0.1100
稀釋每股收益(元)	3.5500	2.5300	2.5000	2.3000	1.8900	0.0900
每股淨資產(元)	23.0806	20.1635	16.5317	14.6557	11.5683	8.7871
每股公積金(元)	10.4859	10.6267	9.1241	9.0226	7.6361	6.5480
每股未分配利潤(元)	10.6492	7.5926	5.4597	3.6999	2.0275	2.2900
每股經營現金流(元)	27.4303	35.4847	9.5184	18.2176	12.7027	8.4897
成長能力指標	13-12-31	12-12-31	11-12-31	10-12-31	09-12-31	08-12-31
營業收入(元)	3626億	2994億	2489億	1894億	1478億	1085億
毛利潤(元)	--	--	--	--	--	--
歸屬淨利潤(元)	282億	201億	195億	173億	139億	14.2億
扣非淨利潤(元)	283億	201億	194億	173億	137億	8.13億
營業收入同比增長(%)	21.13	20.27	31.40	23.14	36.23	-15.41
歸屬淨利潤同比增長(%)	40.42	2.95	12.50	24.69	879.06	-95.61

參考文獻

1. 保羅·A. 薩繆爾森，威廉·諾德豪斯·D. 經濟學［M］. 蕭琛，等，譯. 北京：中國發展出版社，1992.

2. 巴菲特投資策略全書［M］. 謝德高，編譯. 北京：九州出版社，2001.

3. 侯健. 股市贏家［M］. 北京：中國城市出版社，2007.

4. 中國人民銀行《2013年貨幣政策報告》。

5. 波頓·G. 麥基爾. 漫步華爾街［M］. 劉阿鋼，史黃，譯. 北京：中國社會科學出版社，2007.

6. 劉建位. 巴菲特如何選擇超級明星股［M］. 北京：機械工業出版社，2007.

7. 姜波克，薛斐. 行為金融學的發展與研究[J]. 復旦學報，2004(5).

8. 溫林. 曾國藩全書［M］. 烏魯木齊：新疆柯文出版社，新疆青少年出版社，2002.

9. 《華爾街》主創團隊. 華爾街［M］. 北京：中國商業出版社，2010.

10. 本杰明·格雷厄姆. 聰明的投資者［M］. 王中華，黃一義，譯. 北京：人民郵電出版社，2011.

感　謝

　　《聰明的股市投資者》這本書能夠順利完成並出版，我們首先要感謝為這本書提供幫助的所有人：一是要感謝四川省原副省長王恒豐先生和著名經濟學家、北京大學曹鳳歧教授、西南財經大學曾康霖教授，感謝他們為本書題詞。二是要感謝西南財經大學紀盡善教授，在百忙之中為本書寫下了序。三是要感謝西南財經大學許德昌教授以及西南財經大學出版社資深編輯汪湧波先生，他們為本書提出了很好的建議，讓我獲益匪淺。同時，要感謝四川省勞動與社會保障廳倪樹彬處長，著名金融學家、西南財經大學教授曾康霖教授、劉錫良教授，西南財經大學經濟數學學院院長向開理教授、副院長孫疆明教授，西南財經大學工商管理學院張劍渝教授、寇綱教授，西南財經大學金融學院副院長曾志耕博士，全國政協委員、四川省高級人民法院副院長謝商華女士，中國人民銀行昆明中心支行調研員孫仲文先生，中國人民銀行成都分行司唯女士、胡國文先生，花旗銀行成都分行行長讓幼民先生，渤海銀行成都分行副行長周仁秀女士，中國工商銀行四川省分行營業部副總經理蘭曙輝先生，德陽銀行成都分行辦公室主任趙士才先生，西南財經大學天府學院管勇先生，成都市農委副主任葛雲倫先生，成都市審計局副局長羅濟沙先生，美國 CAPITAL ONE 錢瑋女士，××證券公司的魏東、李祥、李

瑞琦先生。他們為本書提出了很好的建議，使本書得以順利出版。上述良師益友，多年來給予了我許多的教誨和指導，尤其是在我處於迷茫和困惑的時候，他們的一句話、一個提示，幫助我認清了中國股市發展的方向，克服了悲觀失望或「一夜暴富」的思想，逐漸形成了立足於堅持成長性價值投資為準繩的、經實踐證明行之有效的投資理念。

我還要感謝我的家人，她們這些年來一直陪伴著我走過股市的風風雨雨，在股市低迷的時候她們沒有指責和抱怨，在股市紅火的時候她們也保持了一份平常的心態，尤其在我編寫本書的過程中，她們積極支持，並默默地分擔了繁雜的事務。此時，我非常懷念我的父親李仁君，他是一位抗美援朝的老戰士，是他養育了我，給了我生命，給予我智慧。

作者：李恩付

2015 年元月

后　记

　　股市投資不是一個新生的事物，但也沒有現成的東西可資借鑑，筆者也只是根據中國股市的情況進行了一些思索，期望能對廣大股市投資人有所幫助，同時熱望投資者能潛心修煉和累積豐富的經驗。股市行為學要能夠真正發展成為一門獨立的學科，還要建立和完善基本理論框架、獨立分析模式和核心行為模型，以及研究的主線、方法和對象，等等。

　　這本書，根據中國證券市場中投資者的操作行為，結合經典理論，對市場參與者的操作行為進行了初步的分析，總結歸納出股市投資的一些原則、方法以及分析的思路，對於幫助投資者認識自己、認識市場，具有一定的借鑑意義。同時，也為學習研究者提供了一種方法，以利於其找到適合自己的分析研究方法，並期望中國證券市場理性繁榮。

　　當下的證券市場，已經不是從前的證券市場。在中國的歷史上從來沒有像今天這樣，有如此多的人參與到中國證券市場中來，證券市場已經涉及千家萬戶。對中國證券市場來說，他們不僅是參與者，也是證券市場發展的推動者。證券市場的繁榮是國家興旺發達的標誌，也是大多數人的願望。我們需要拋棄股市「跟漲不跟跌」的劣根性，建立與經濟發展相適應的高效、平穩、繁榮的證券市場，我們的股市才會大有前

途。政府要積極為市場的發展做好基礎性工作，夯實基礎，完善制度缺陷，不斷提高上市公司的質量，完善退市制度。在市場狂熱和極度低迷的時候，要發揮政府的宏觀調控作用，在市場力量和政府力量中找到平衡點，促進證券市場健康平穩發展。

中國要學習和借鑑華爾街的經驗和教訓，以利於縮短與發達國家金融市場之間的距離。每當華爾街出現危機的時候，美國政府都會緊急注入資金，歐洲也無限注入資金，以喚醒遭到重大打擊的金融市場。如果政府能夠從制度上保證證券市場的健康發展，那麼中國資本市場將在實體經濟發展的基礎上，迎來大牛市的偉大徵程。中國資本市場要牢固樹立為經濟服務、為投資者服務的理念，以為投資者創造良好的投資環境為己任，也要吸取華爾街創新過度、監管不力的教訓，同時也不能因噎廢食，正確處理好創新與監管之間的關係，抓住全球重心轉移的時機，實現市場從小到大、從大到強的轉變，以提高中國資本市場的核心競爭力。投資最重要的是要有紀律，要站得高，看得遠，下定決心堅持下去，要善於在「恐懼」中投資，定會有所收穫。

我們的投資者應對炒股的行為進行徹底的反思，要知道「前事不忘後事之師」，不要重複犯錯誤。我們要提高自己的學習能力，要舍得花時間學習，熟悉新的工具和操作方法，特別是在融資融券和股指期貨的形勢下，要跟上市場的變化，適應市場的操作要求，避免犯低級錯誤。筆者覺得投資炒股的最大心得是：機會在兩頭，一頭是牛市，另一頭是熊市。在牛市中，成功的操作策略應該是個「賣」字，大漲大賣，「賣」是牛市的關鍵，也是核心；而在熊市中，大跌大買，不跌不買，「買」字是關鍵——但是有一個前提，那就是要把握好這個度，不能在

大盤剛跌20%、30%時就進場，最好的機會是在大盤跌60%、70%，個股跌80%的時候。此時，你要做的是精選個股，勇敢進場，並且出手要狠，倉位要重。如果你只買那麼一兩手，就是股價上漲100元也賺不了多少。需要提醒的是：在牛市中，不要得意忘形，不要忘記了自己進場時的承諾，不要忘記了紀律，不要以為一天賺幾萬元甚至十幾萬元、幾十萬元，那就不是你自己的錢，就以為是「揀來的娃兒當球踢」，不當回事，不能好了傷疤忘了痛。而在熊市中，特別是經過大幅度下跌以後，你不能聽專家的、不能聽股評家的，也不要聽媒體的宣傳，你要獨立思考，獨立判斷，獨立操作，不要失去自我，不要受到別人的影響，這才是你自己獨立的投資者的人格魅力。我們要看到中國有相當一批企業要走國際化的路，要在國際市場中增強競爭能力，也為我們提供了機遇。比如，在改革開放以後，我們的家用電器中的格力電器、美的電器和振華港機打敗了外國人，盈利能力一直在不斷地提高。

在機構橫行的今天，有人認為自己的力量太小，根本沒有辦法戰勝市場。戰勝市場的力量在哪裡呢？我認為《伊索寓言》中講述的「龜兔賽跑」的故事對你會有啟發。這個故事和內容幾乎是家喻戶曉。從理論上講無論如何，烏龜是不能跑過兔子的啊！可事情就是奇怪啦，比賽的結果令人意外，跑得慢的烏龜贏了。其關鍵在於處於弱勢中的烏龜能夠堅持不懈，最終戰勝了強大的對手。作為普通的投資者，只要我們保持耐心，忍住寂寞和孤獨，戰勝機構、戰勝市場是有可能的。

李恩付

國家圖書館出版品預行編目(CIP)資料

聰明的股市投資者：投資大陸股市指南 / 李恩付 著. -- 第一版.
-- 臺北市：財經錢線文化出版：崧博發行，2018.11
　　面 ； 公分
ISBN 978-957-680-242-3(平裝)
1.股票投資 2.中國
563.53　　　107017790

書　　名：聰明的股市投資者：投資大陸股市指南
作　　者：李恩付 著
發 行 人：黃振庭
出 版 者：財經錢線文化事業有限公司
發 行 者：崧博出版事業有限公司
E-mail：sonbookservice@gmail.com
粉絲頁　　　　　　網　址：
地　　址：台北市中正區延平南路六十一號五樓一室
8F.-815, No.61, Sec. 1, Chongqing S. Rd., Zhongzheng Dist., Taipei City 100, Taiwan (R.O.C.)
電　　話：(02)2370-3310　傳　真：(02) 2370-3210
總 經 銷：紅螞蟻圖書有限公司
地　　址：台北市內湖區舊宗路二段 121 巷 19 號
電　　話：02-2795-3656　傳真：02-2795-4100　網址：
印　　刷：京峯彩色印刷有限公司（京峰數位）

　　本書版權為西南財經大學出版社所有授權崧博出版事業有限公司獨家發行電子書及繁體書繁體版。若有其他相關權利及授權需求請與本公司聯繫。
定價：350元
發行日期：2018 年 11 月第一版
◎ 本書以POD印製發行

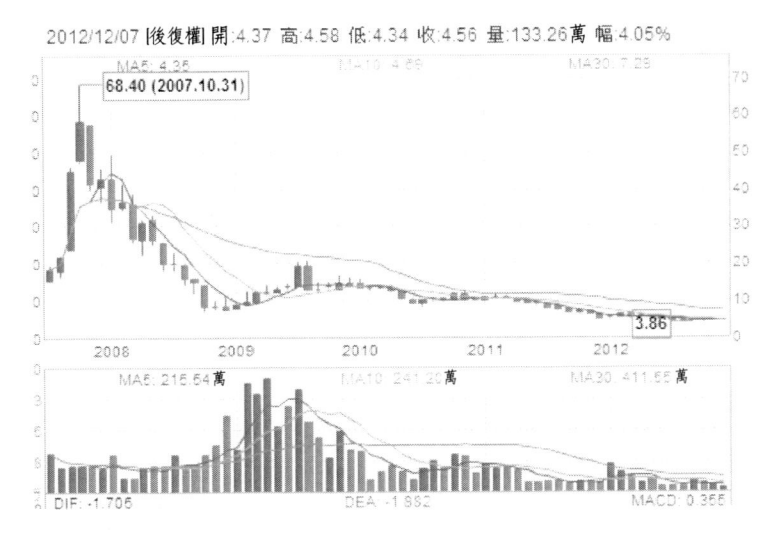

資料來源：新浪財經。

傳統的金融理論是建立在理性人、有效市場假說的基礎上，理性人在信息獲取上是公平的，且能夠對信息進行正確處理和加工，並追求目標最大化。從理論上講，金融市場應該是理性的，但從實際看，特別是股票市場，是不理性的，風險無處不在，風險不可避免。但是，假如我們能夠加強防範和控制的話，減少失誤是可能的。

以耶魯大學的席勒教授為代表的一批金融學家認為，投資者並非完全理性甚至是不理性的，人的非理性行為在經濟系統中發揮著不容忽視